どんな
会社でもできる
インナー・ブランディング

まず**教育**、そして**採用**、**業績**アップ。
鉄板の好循環をつくる

深澤 了 著

セルバ出版

はじめに　真の競争力をつくるインナー・ブランディング

急成長している企業が必ず当たる壁があります。それは「従業員のベクトルがバラバラ」という課題です。「このままでは組織が崩壊してしまうかもしれない」。深刻そうな顔で話してくれた社長がいました。

多くの社長の場合、どこから手を付けていいのかわからないと言います。社内のベクトルを合わせたほうがいいということはわかる。でも具体的に何をすればいいのかわからない、と。

本書を読んでいる方の中には、インナー・ブランディングはやったほうがいいのはわかるけど、本当に効果は出るのか。売上や利益に直結するのか、わからないから踏み切れない。そう思う方もいるでしょう。

多くの企業の永遠の悩みは採用。年々進む少子高齢化により、求人広告件数は増え、毎年、多くの予算を使って母集団確保に苦労し、やっと確保できたと思っても、説明会予約をしたものの、不参加。面接段階での離脱、内定を出しても逃げられる…など、企業は満足に採用人数を充足できない状態がずっと続いています。

離職はもう20年以上も社会問題化しています。いわゆる入社3年以内の離職率3割。1年以内、1ヶ月以内で辞めていく人もいます。まさに採用予算のサンクコスト化があちこちの企業で起こっています。

採用もできない。社内もバラバラ。でも売上は上がっていく。人がいればもっと売上を上げられるのに。今、多くの企業はこうしたジレンマを抱えています。

私たちは、こうした企業の悩みを、いや社長のジレンマを、目の当たりにしてきました。

ひとつ言えるのは、それでも企業は進んでいかなければならないということです。迷っていても、悩んでいても、組織を前へ進めていかなければならないし、今日の業務を止めるわけにはいきません。もっと企業を成長させたい、大きくしたい。そんなふうに願う企業は一方で、中長期的な施策を打ち、実際に企業を成長させていきます。

インナー・ブランディングを行って、明日いきなり売上や利益は上がりません。しかし1年後には確実に変わっていきます。ここで社内の管理会計での数字に変化が現れていくでしょう。投資から2年後の財務諸表で企業の記録としての数字に変わります。これが最短です。もちろんこれよりも長いスパンで数字に現れる企業もあります。そのスピードの違いは、社内のインナー・ブランディングへの取り組みと、日々の業務の両立がうまくとれるかどうか。まさに経営陣の舵取りに懸かっています。

本書では、こうしたインナー・ブランディングの取り組みを順を追って体系的に知ることができます。経営にインナー・ブランディングを取り入れていくことで、着実に、劇的に社内が変化し、数字に現れていくようになるメカニズムを解き明かします。

これまでインナー・ブランディングは組織内のみの変革に目が向けられていました。しかし本来、従業員の入口になる採用から考えなければ、組織内全体の変革にはなりません。本書では、採用から組織内の取り組みを一体として考えることで、真の意味で競争力を持った企業づくりが行えるようになることを意図しています。

それが本書で定義しているインナー・ブランディングです。

第1章「なぜ優秀な人材ほど退職するのか。間違いだらけの採用と育成」では、採用と組織づくりで間違えやすいポイント、またその間違いが起こる構造について解説しています。

第2章「差別化を生み出すインナー・ブランディング」では、とくに組織内での取り組みについて、詳しく順を追って書いています。

第3章「インナー・ブランディングを成功させるための採用」では、劇的な採用効果を上げることができる採用ブランディングの考え方に則って、企業にとって従業員の入口になる採用のやり方、そのポイントについて書いています。

第4章「売れ続ける組織をつくるインナー・ブランディングによる効果」では、実際に採用から組織内での取り組みを行った場合、どんな効果が企業内に現れていくのかを詳しく解説しています。

第5章「インナー・ブランディングの取り組み事例」では、実際に今も継続して取り組んでいる企業を紹介し、どのような課題を抱えながら取り組み始め、現在の効果はどうなのか、を書いています。多くの企業にとってきっと参考になるでしょう。

第6章「インナー・ブランディングの成功ポイント&失敗ポイント」ではインナー・ブランディングを実行していく上で、陥りやすい違いや注意すべき点を中心にまとめています。とくに実行初期段階での注意ポイントをまとめています。

第7章「定着、活躍、成長する会社へのステップ～社内浸透&マネジメントの要点」では、社内全体に取り組みを広げていく上で必要な浸透の観点、またそのときに中心的な役割を果たすマネージャーたちがどのように動いていけば、社内のベクトルを合わせていくことができるのか、について記述しています。

経営課題は日々噴出してきます。そしてその課題にはさまざまな打ち手があります。インナー・ブランディングの取り組みは、バラバラにある打ち手を、1つにまとめ、効率的にする効果もあります。それはこれまで解説した通り、インナー・ブランディングの範囲が採用から組織づくりまで関わるからです。インナー・ブランディングとして取り組むか、それともバラバラに取り組むかで効果は大きく変わります。

その違いは、1つの概念に基づく一貫性です。インナー・ブランディングでは理念を最重視しています。理念を柱に、すべての施策を紐付けることで、取り組みが進めば進むほど、経営の相乗効果は大きくなります。

第1章でも詳しく解説していますが、これから採用市場が企業にとって楽になる要素は何一つありません。厳しい競争になっていくしかない、というのが考察の結果です。漠然と求人を出していれば人が集まり、人が増え、売上も上がっていくという時代はすでに終わっています。これまでの施策の延長線上に、劇的に採用が改善する手立てはほぼない、と言えるでしょう。だからこそ、考え方、やり方を抜本的に変えなければなりません。

また組織づくりでは、常に若い人たちをどう理解し、捉えるかという「相手に合わせる」視点が強くなり、対応の正しさを追いかけるあまり、本質を見失いがちになります。

さらに世代間のギャップが広がり、日々の部下への対応、マネジメントの変化に戸惑いを見せる人たちも多いことでしょう。

まずやるべきは対処療法ではなく、根本治療です。自社が一番大事にしている視点は何なのか。ブレない軸（＝理念や価値観）を自分たちが認識し、それを起点に社内に同じ価値観を共有することで、世代の傾向やギャップに惑わされる時間を軽減することができます。それができて初めて個別の対応（＝対処療法）を考えるべきなのです。

みなさんの会社にインナー・ブランディングを装着しましょう。毎日の取り組みが、1年後、

2年後の大きな羽ばたきに変わるはずです。
本書を読んだ多くの企業のビジネスパーソンの手でそれが叶うのを願ってやみません。

2023年8月

むすび株式会社　代表取締役　深澤　了

どんな会社でもできるインナー・ブランディング
まず教育、そして採用、業績アップ。鉄板の好循環をつくる　目次

第2章　差別化を生み出すインナー・ブランディングの取り組み

第3章　インナー・ブランディングを成功させるための採用

第4章　売れ続ける組織をつくるインナー・ブランディングによる効果

第5章　インナー・ブランディングの取り組み事例

第6章　インナー・ブランディングの成功ポイント&失敗ポイント

第7章　定着、活躍、成長する会社へのステップ
～社内浸透&マネジメントの要点

第1章　なぜ優秀な人材ほど退職するのか。間違いだらけの採用と育成

1　35年変わらない入社3年で離職率3割

●辞める理由は「給料」、「労働時間・休日」、「将来性」、「人間関係」

果たして、入社3年で離職率3割とはいつの頃から言われるようになったのでしょうか。厚生労働省の資料（図表1）を遡ると、大学卒の3年以内の離職者は1987年で28・4パーセント。その後バブル期にやや回復傾向も見せますが、1995年に20パーセント台に乗ったことを皮切りに、ほとんど落ちることなく、30パーセント台で推移してきました。

1年以内の離職率に目を向けると、35年間、10〜15パーセント台で推移してきています。35年間ほとんど変わらない数値です。これは企業にとって当たり前のこととして、受け入れるしかないのでしょうか。

もう少し詳しく見ていきましょう。転職理由はどのようなものがあるでしょうか。厚生労働省「令和3年雇用動向調査結果の概況」（図表2）によれば、「その他の個人的理由」を外し、比較的高い8％以上ある理由を色付けしてみました。

男性で「会社の将来が心配」、「給料等収入が少なかった」、「労働時間、休日等の労働条件が悪かった」が比較的高い傾向にあります。女性では「会社の将来が心配」はあまりありません

〔図表１　大学卒業者の就職後の離職率〕

		3年以内の離職率	1年以内の離職率
1987	昭和62年	28.4%	11.1%
1988	昭和63年	29.3%	11.4%
1989	平成1年	27.6%	10.7%
1990	平成2年	26.5%	10.3%
1991	平成3年	25.0%	9.9%
1992	平成4年	23.7%	9.5%
1993	平成5年	24.3%	9.4%
1994	平成6年	27.9%	10.7%
1995	平成7年	32.0%	12.2%
1996	平成8年	33.6%	14.1%
1997	平成9年	32.5%	13.8%
1998	平成10年	32.0%	12.9%
1999	平成11年	34.3%	13.9%
2000	平成12年	36.5%	15.7%
2001	平成13年	35.4%	15.2%
2002	平成14年	34.7%	15.0%
2003	平成15年	35.8%	15.3%
2004	平成16年	36.6%	15.1%
2005	平成17年	35.9%	15.0%
2006	平成18年	34.2%	14.6%
2007	平成19年	31.1%	13.0%
2008	平成20年	30.0%	12.2%
2009	平成21年	28.8%	11.5%
2010	平成22年	31.0%	12.5%
2011	平成23年	32.4%	13.4%
2012	平成24年	32.3%	13.1%
2013	平成25年	31.9%	12.8%
2014	平成26年	32.2%	12.3%
2015	平成27年	31.8%	11.9%
2016	平成28年	32.0%	11.4%
2017	平成29年	32.8%	11.6%
2018	平成30年	31.2%	11.6%

厚生労働省「新規学卒就職者の離職状況」（2021年10月）より筆者作成

〔図表２　前職を辞めた理由割合〕

%	仕事内容に興味が持てなかった	能力・個性・資格を生かせなかった	職場の人間関係が好ましくなかった	会社の将来が不安だった	給料等収入が少なかった	労働時間、休日等の労働条件が悪かった	結婚	出産・育児	介護・看護	その他の個人的理由	定年・契約期間の満了	会社都合	その他の理由（出向等を含む）
男性													
20~24歳	3.6	3.7	12.8	5.5	9.7	14.2	0.0	0.0	0.0	24.2	6.3	5.7	12.8
25~29歳	10.1	4.7	6.3	9.5	14.8	7.2	3.3	0.2	0.7	20.7	7.6	2.6	11.9
30~34歳	10.3	4.0	5.3	8.9	8.2	9.8	0.8	0.8	0.1	21.8	5.7	5.8	15.9
35~39歳	2.7	5.8	5.8	14.0	10.8	11.9	0.0	0.2	0.2	19.5	2.8	5.5	19.8
女性													
20~24歳	4.2	4.9	9.3	7.3	9.2	14.3	3.7	0.3	0.1	25.2	3.7	4.3	11.9
25~29歳	7.5	6.2	7.9	6.1	6.3	14.8	10.0	2.6	0.0	21.8	5.7	5.9	4.1
30~34歳	3.6	2.4	7.8	4.6	8.4	8.3	3.1	5.7	0.1	34.8	5.2	4.9	10.7
35~39歳	3.0	6.8	10.0	6.7	6.8	9.6	0.7	7.6	0.1	27.0	7.9	4.1	6.8

厚生労働省「令和3年雇用動向調査結果の概要」（2022年8月）より筆者作成

〔図表３　学生の選社軸〕

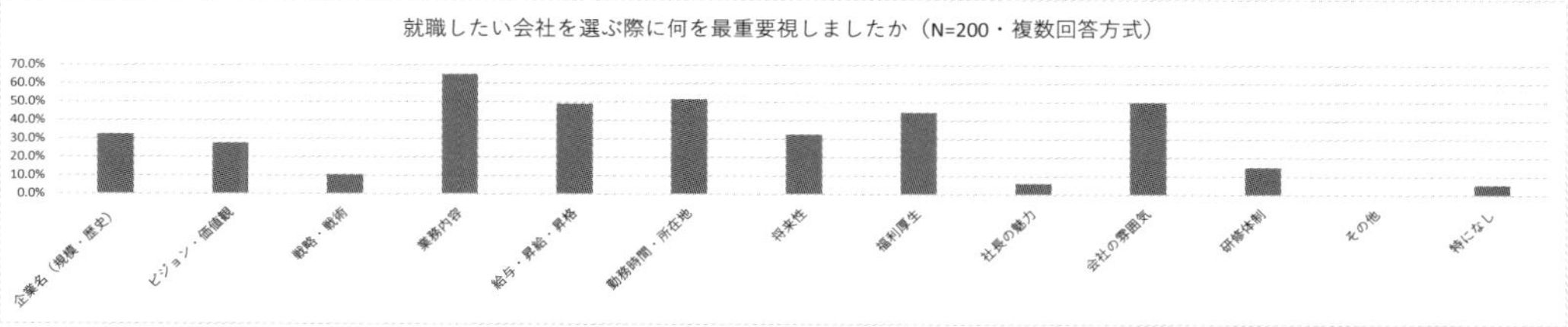

企業名（規模・歴史）	ビジョン・価値観	戦略・戦術	業務内容	給与・昇給・昇格	勤務時間・所在地	将来性	福利厚生	社長の魅力	会社の雰囲気	研修体制	その他	特になし
32.5%	27.5%	10.5%	65.0%	49.0%	51.5%	32.5%	44.5%	6.0%	50.0%	15.0%	0.0%	5.5%

むすび株式会社「内定者へのアンケート調査」（2016）

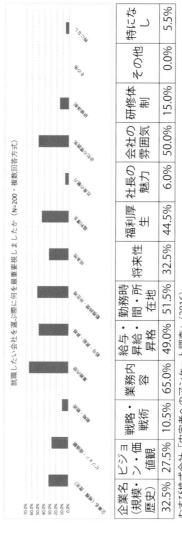

が、「給料等収入が少なかった」、「労働時間、休日等の労働条件が悪かった」が比較的高い傾向にあります。また女性の25～29歳では、結婚による退職が10パーセントあります。

また男女とも20～24歳までは「職場の人間関係」を挙げる傾向もわかります。就職したばかりの若い世代が、先輩社員とのギャップに悩んで退職する図が浮かびます。

25～34歳男性の特有の理由として「仕事内容に興味が持てなかった」があることがわかります。仕事に慣れて、深めて行った先で自分への気づきがあったということでしょうか。

しかし35～39歳では2・7パーセントにガクンと落ちます。少しずつ管理職になり始める年齢ですが、任されることで自分の中の迷いが消えるということでしょうか。一方で、「将来性」、「給料」、「労働時間」で辞めていく人が多いのもこの層。ビジネスパーソンが自分のそれまでの実績をもとに自身の「価値」を改めて考える時期なのかもしれません。

●選社軸と同じ項目で退職している事実

この調査はすべての割合を足すと100%になることから、選べる回答は1つだけです。つまり最も重視した理由を回答者は答えています。新卒入社3年以内の多くが当てはまる20～24歳の層では「給与」、「労働時間・休日」がトップ。しかし、この「給与」と「労働時間・休日」は求人広告で最も訴求される割合の高い項目です。

少し前の資料になりますが、2016年に私たちが内定を1社以上持っている学生にとったアンケート（N＝200）によると、「就職したい会社を選ぶ際に何を重視しましたか？」という設問で「給与」を選んだ学生は49パーセント、「福利厚生」を選んだ学生は44・5パーセント。実に2人に1人は「給与」や「福利厚生」を重視して会社選びをしていることになります。

私たちの調査だけでなく、いわゆる学生の選社軸に関してはほぼ同じような結果になることが多いのです。その結果、企業側は「給与」や「休日」について求人広告で訴求しているにも関わらず、残念ながらそれが退職理由にもなるという結果になっています。

2　茶番化している採用構造

●採用できない構図になってしまっている

さらに突っ込んでデータを見ていきます。私たちが入社3年以内の新人社員を対象に「新人社員の会社に対する愛着度調査」（2017年，N＝332）にインターネットでアンケート調査を実施しました（図表4）。

そこで今所属している会社に不満を感じている社員は全体の70・5パーセント。その人たち

〔図表４　あなたが感じている不満にあてはまるものを全てお答えください。（N-234）〕

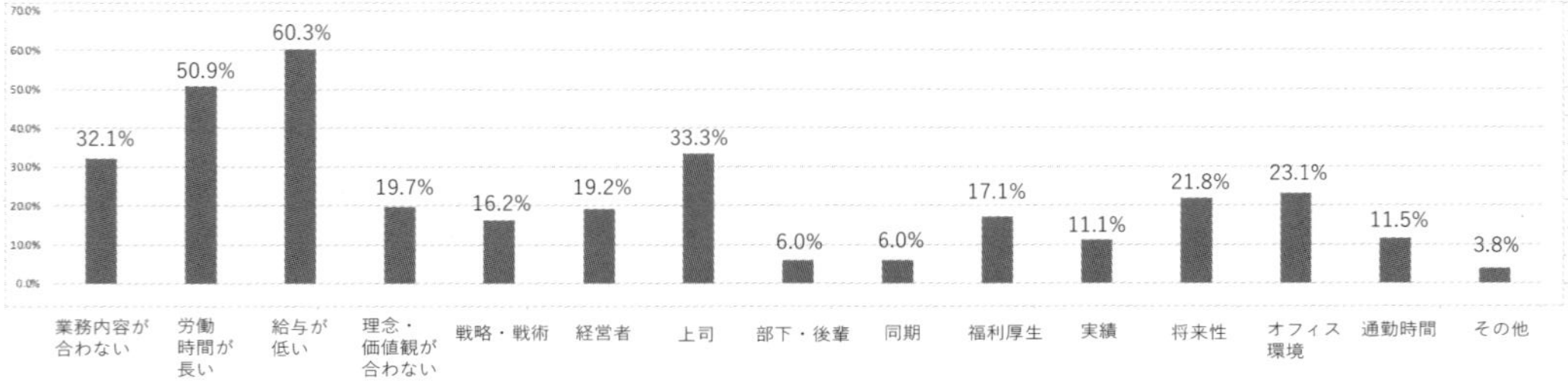

むすび株式会社「新人社員の会社に対する愛着度調査」（2017）

（N＝234）に「あなたが感じている不満にあてはまるものをすべてお答えください」と質問したところ、「給与が低い」＝60・3パーセント、「労働時間が長い」＝50・9パーセント、「上司」＝33・3パーセント、「業務内容が合わない」＝32・1パーセントとなりました。先述した厚生労働省の調査とも合致する結果と言えると思います。

つまり、現在の採用の構造を解き明かすと、選社軸＝企業の求人広告での訴求点＝入社して不満になっていること＝退職理由という構図が浮かび上がってくるのです。応募者が好む訴求を企業が行い、でもそこでミスマッチが生まれている。これでは離職率を抑えられるわけがありません。辞めていく種がそこにできてしまっているのです。まさに採用の「茶番化」です。

私はこの採用の「茶番化」が「入社3年以内の離職率3割」という課題の根源だと考えています。いくら社内で教育や育成に力を入れても、個人の価値観まで変えるのは容易ではありません。また社内での教育や育成はスキル、能力の育成が主で、理念浸透の施策を行っている企業は3割程度（図表5）。

人はそれぞれ育った環境で価値観ができていきますから、相容れない価値観を許容するのはとても難しいことです。だから採用時に価値観の相違があると、退職の理由になってしまうのです。その具体的な理由が、厚生労働省の調査の回答となって現れているのです。

採用市場にはミスマッチを誘発しやすい構造ができあがってしまっているのです。

3　さらにミスマッチを誘発しやすい採用市場の構造

●学生側だけが価値観の棚卸しをしている

　新卒学生が就職活動を行う場合、「自己PR」や「志望動機」を必死になって練り上げます。自分のこれまでの歴史を振り返り、いわゆる「学チカ」と呼ばれる学生時代に頑張ったことを棚卸しして、練り上げるのです。学生によっては行きたい企業のOB・OGにそれらを見せて、ダメ出しをもらい、何度も書き直します。

　こうした作業はもう何十年と伝統のように続いています。マスコミや広告業界などの人気業界では恒例行事です。学生から負担に思われるこの作業ですが、実はいい面

〔図表５　理念浸透のための施策〕

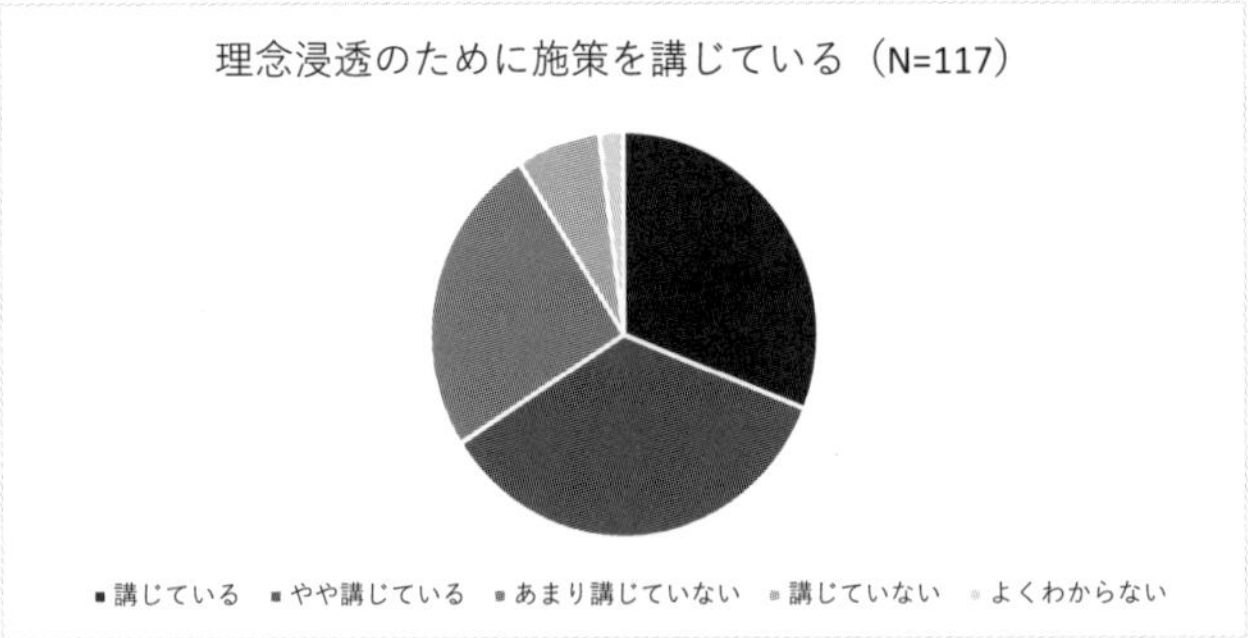

講じている	やや講じている	あまり講じていない	講じていない	よくわからない
31.0%	35.0%	25.0%	7.0%	2.0%

HR総合調査研究所「企業理念浸透に関するアンケート調査」（2013）より筆者作成

もあります。「自分は果たして何をしたいのか」、「自分の価値観は何なのか」。それを再確認できるのです。普段向き合わなかった自分に向き合うことで、会社選びの軸ができ、本当に自分が楽しく活躍できる企業を見つけることにつながるでしょう。

でも、それは学生側だけを見た場合です。学生がこれだけ自分の価値観の棚卸をしている中で、企業側はそれを受け入れ「選んでいる」だけです。一体、どれだけの企業が、学生のように自社の価値観を棚卸して、学生に向けて訴求し、そのマッチする人材を受け入れているでしょうか。

できていないから、3年で3割が辞めていくのです。それが前述したデータにすべて現れています。私たちの調査では、入社1ヶ月以内に会社に不満を抱いた人は20パーセントいることがわかっています。入社した途端に不満になるというのは、採用のミスマッチ以外何ものでもないと考えています。1ヶ月以内に入社した人の20パーセントが不満を抱くのであれば、3年で3割辞めていくことも十分納得ができます。

●硬直化している採用のフロー

いつの時代も、学生側の対策は進化しています。これまで時代を経て、さまざまな対策本が生まれ、就職塾まであり、志望する企業、業界に向けて入念な準備をする学生もいます。しかし一方で、企業側の採用はかなり硬直化しています。これまで大きなイノベーションが起こったのは2回。リクルートが発刊した「企業への招待」で採用市場の機会均等化が行われ、自由競争が加速したこと。そしてリクナビができたことで、数値で採用を追うことができるようになったこと。ここで媒体募集→説明会→1次面接→2次面接→最終面接という判で押したフローができあがります。今だにこのフローを行い、「応募があった人を選ぶだけ」という状態で採用を行っている企業も数多くあります。

しかし昨今の採用状況は多くの企業にとって、応募さえない状況になっていますので、イベントに出たり、逆求人系媒体を使ったり、紹介を利用しますが、それでも採用が難しい状況に変わりありません。

基本的に、中途採用でも構造は変わりません。いつも応募する側が十分に準備し、企業側は来た人を選ぶスタンスです。中途採用は新卒以上に募集する手立てが限られますし、いつ転職者として動くかは、その人次第ですので、求人広告件数の多い中途採用はなおさら採用が難しいのです。

企業側は母集団が集まらないので、なんとか集めようとする施策を行っていますが、採用では母集団集めが一番難しく、お金がかかるのです。そしてそれでなんとか集めても、今と同じスタンスで採用を行っている限り、ミスマッチは減りません。ということは、3年で3割離職という構図を変えることはできないのです。だから採用から変えていかなければならないのです。

4　母集団集めばかりに走るから採用できない

●予算、労力がサンクコスト化しやすい

母集団集めばかりに走ることが、なぜ非効率な採用を生んでしまうのでしょうか。母集団集めばかりに走ることを私は「母集団至上主義」と呼んでいますが、採用は前述の通り、フローが硬直化していることもあり、「○人採用するために、○人集める」という考え方が通常です。

ここに10年くらいまでは「だから○円の予算を媒体に投下する」まで計算できたのですが、年々加速する採用難により、母集団集めの予算は年々増加せざるを得ない状況になり、読むことができなくなりました。だから世の中の採用担当は打ち手がなく、途方に暮れています。

母集団を集めようとすると、当然ですが、ＫＰＩとして数を追いかけることになります。自社とのマッチングは二の次になります。とにかく採用フローの頭から集まればいいのです。予算は限られていますから、イベントや逆求人媒体のＤＭ、人材紹介などを利用して「よさそうな人」をなんとか集めます。この「よさそうな人」というのも危ない罠ですが、とにかく集め

ることに奔走します。

なんとかしてある程度集まると、今度は必死になって説明会や面接に誘導します。しかしここで問題になるのは、そこまで自社に興味がなければ誰も説明会や面接に参加しないのです。すると、母集団集めは振り出しに戻ります。予算も、自身の労力もすべてサンクコスト化してしまうのです。

小さな企業であれば、毎年の採用人数が必達目標でないところもあり、「ああ今年も採用できなかったね」と言い続けているだけですが、ある程度の企業になれば、経営計画があり、毎年の採用人数の必達目標があります。なんとかしてまた人数を集めて、妥協してでも採用しなければならず、それで目標人数を満たします。

●無理がかかる母集団至上主義

リクルートがつくった市場、そしてリクナビというシステムは勘と経験が重要だった採用現場でＫＰＩという概念をもたらしました。数値で測れるようになりました。しかしそれによってできた「母集団集めに集中すればいい」という各社の動きが行き過ぎた結果、逆に自分たちの採用活動の首を締める結果になってしまっているのです。

母集団集めは先述した通り、お金と労力が一番かかります。「母集団至上主義」になると、集まらなかった場合、永遠に予算を投下しなければならなくなります。採用版のガチャ状態です。従来どおりの採用を盲目的に行っている企業がたくさんこの状態に陥っています。

母集団の中から、採用担当者が苦労してなんとか動機づけを行い、面接段階に進んだとしても、いつ他の企業になびくかわかりません。自社よりも知名度があり、大きな企業であれば、採用担当によっては動機づけを諦めてしまうかもしれません。採用担当の力量や応募者との相性、短い時間で積み上げた信頼関係によって自社へ入社してもらえるかどうかは変わります。

「母集団至上主義」になってしまうことは、入社までの道のりを果てしないものにしてしまっているのです。またこれを採用したい人数分しなければなりません。全員すんなり入社することはないと考えると、辞退を見越して余裕を持って内定を出すわけですから、途方もないコミュニケーション量になります。

大企業のように採用担当が何十人も、何百人もいるならできるかもしれませんが、成長過程にある企業にとって、その労力をかけられる企業はそうありません。多くの企業にとって、採用にかける労力は年々増してきています。

母集団集めは年々非常に難しくなっています。母集団にこだわりすぎてしまうと、予算の面でも、労力の面でも、そしてミスマッチを生むという面でも、非効率極まりない採用をしていることになるのです。

5　能力で採用する罠

●判断がどうしても「能力」と「スキル」に引っ張られる

集まった中から選ぶ。単純に言えば、多くの企業はそういう採用をしています。そしてめでたく母集団が形成され、面接に入ると、多くの企業が陥ってしまうのが「誰が一番使えるか」という視点です。これは「その人が自社で活躍できるか」という言葉に置き換えられて使われがちですが、その意味は、「能力」や「スキル」の高い人を無意識に求め、選んでしまう、ということです。

例えば東京大学卒でＴＯＥＩＣ９９０点の人（Ａさん）と偏差値40程度の大学で無資格の人（Ｂさん）。多くの人たちはそれだけで前者の人を優秀である、と置き、そのバイアスのままに、「自己ＰＲ」、「志望動機」を聞き、「ウチで何がしたいのか？」を深く聞いて、「優秀そうだ」と判断し、内定を出すでしょう。

その判断が無条件で悪いとは断言しません。なぜなら東京大学を目指して努力したこと、それを達成したこと、そしてそこにとどまらずＴＯＥＩＣまで満点を取り、自社の研究を入念にして応募してくれました。とても努力家であることは間違いないのです。

しかし、多くの企業は判断を「能力」と「スキル」に引っ張られすぎるのです。たしかにスペック的にAさんはものすごいです。しかしその人が入社したとして、本当に活躍できるのかは別です。仕事は人と人との関係性で進んでいきます。スペックは異様に高いけど、コミュニケーションが苦手で、1人でやることが向いているのであれば、せっかくの能力を活かし切ることはできないのです。もちろんその能力を活かせる部署があれば活躍できる可能性はあります。

●その「能力」や「スキル」は自社で発揮できるのか？

よくあるのが、Aさんのような人が自社の応募があった場合、役員が喜ぶという図式です。そのことでより現場は、最終面接に向けて「能力」や「スキル」を持った人を送り込むようになります。自社の採用が無意識に「能力」や「スキル」重視の採用になっていくのです。

採用担当も、社長も、「能力」や「スキル」の高い人が応募してきた場合、嬉しいものです。わかりやすくスペックの高いAさんの場合であれば、「気をつけよう」と心構えができますが、現実は難しい判断が重なります。

例えば中途採用で即戦力を求めている場合。仕事を行う上で、必ずないといけない資格が必須。CさんもDさんも資格取得はしている。Cさんの経験は10年。Dさんの経験は5年。でも別の資格もあり、別の部署でも活躍できそう。果たして1名しか採用できない場合、どうするか。企業によっても判断が分かれますし、そのときの社内の状況、また今後の方針によってもどちらを採用するかは分かれるでしょう。また判断が難しい場合は、面接での印象で決めることもあるでしょう。いずれにしても中途採用で即戦力の場合は「能力」や「スキル」というスペックでの採用を優先しがちです。

他の会社で活躍したエピソードを聞けば、素晴らしいと思うこともあるでしょう。これは新卒採用でも一緒です。学生時代に普通できないことを成し遂げたエピソードを聞けば、すごいと思うはずです。しかし、それを自社でできるとは限らないのです。せっかくの「能力」も「スキル」。自社で果たして発揮できるのか、いや発揮させられる自信はあるのかを、問わなければならないのです。

6　担当任せの採用が失敗を導く

●営業部が大幅に予算達成しないことと同じ状況

採用は採用担当の仕事。役割であることは間違いありません。しかし、採用担当だけに役割が集中しすぎているのです。採用担当はやらなければならないタスクが相当あります。母集団集めや説明会の集客、準備、面接の調整、面接官のアテンド、面接官とのすり合わせ、応募者のフォロー、協力会社とのやりとりなど挙げればキリがありません。採用数が年間10人程度だと、これらを全部1人で行っていることは珍しくありません。

また新卒採用もインターンシップが始まるのが夏休みから。採用活動が通年化していますので、採用担当の仕事は次から次へと終りがありません。

営業部が営業の仕事を行うように、採用担当が採用活動を担うことはごく当たり前のことです。しかし、ご存知のように、もはやこれまでのやりかたでは、採用することができないのです。これは営業部で言えば、営業部だけで達成できていた目標予算がまったく到達することができなくなってしまった、ということと同じなのです。その場合、社長は早急に対策を練り、自ら陣頭指揮を振るうはずです。

同じことを今、採用にしていただきたいのです。

例えば、私が採用に関するセミナー登壇でさまざまな場所に出かけると、多くの場合、そこに来ているのは採用担当者です。経営者が来ることはごく稀。つまり採用に関する課題を経営課題とは捉えていないのです。

経営者が採用を自分ごとにすること、つまり会社の経営課題にすることが、厳しい採用市場での競争を脱却する一筋の光になるのです。

●社長が採用を経営課題にする

採用したい企業は、欠員募集は除いて考えると、業績が好調で、人がいれば、売上が上がるという確信があるから、採用したいはずです。採用できないからといって、売上が下がるわけではないので、経営者は「採用担当頑張れ」と思ってしまいがちです。

しかし、少子高齢化で退職者は自然と増えていきますし、そうでなくても離職者はどの企業にもありますから、欠員募集も満たせなければ、売上は下がる可能性は十分にあります。

社長が採用を経営課題化し、採用担当だけの孤軍奮闘を止めさせ、全社で取り組むことを決断しなければ、この未曾有の採用難を乗り切ることは難しいでしょう。採用担当が他の部署を巻き込んで採用活動を行うことをしやすいようにし、自らも採用にコミットすることが大事です。コミットというのは陣頭指揮を取れ、ということではありません。社長はたいてい採用畑の人間ではありませんから、「説明会の回数を増やす」や「面接で動機形成を行う」など、採用担当の力に積極的になって欲しいのです。

全社一致で活動する素地ができるだけで、採用力が増します。採用担当の孤軍奮闘感は薄れ、大きな武器を手に入れられた感覚になるでしょう。それだけで採用力を増すことができます。

そして今一度、考えていただきたいのは、なんのために採用するのか、ということ。売上や利益を上げていくためであることは間違いないと思いますが、もっと根本的に考えれば、自社のビジョンやミッションを達成するためであるはずです。そのために必要な仲間を採用する。だとすれば、社長はじめ全社で関わったほうがいいですし、採用がきっかけとなって全社のベクトルも合わせやすくなるのです。

7　面接官任せの採用がミスマッチを招く

●行き当たりばったりで採用せざるを得ない構造に陥る

面接の段階に入ると、大抵の場合、面接の評価は面接官任せです。採用基準を決めている企業もありますが、細かいすり合わせまで行っていないので、基準の解釈まではすり合わせができていない企業が多いのです。その場合、起こり得ることが3つあります。

まず1つ目は、例えば1次面接が採用担当で、2次面接が部長クラスだった場合。採用担当が通過させた応募者を2次面接の部長が「なんでこんなやつを通したんだ！」と叱り飛ばすケース。採用担当なら、誰しも経験したことがあるでしょう。

こうなると採用担当は部長の好みによって、通過させる人物を変えてしまいます。そもそもの採用基準はあってないようなものです。本当に自社にとって大切な人は誰なのか？　という視点はなくなり、完全に「部長の好み」になってしまいます。まったく本質的ではない採用活動になってしまうのです。

2つ目は部長の好みで2次面接を通過したとして、最終面接で内定になるかどうかは未知数ということです。今度は社長に部長が同じように叱り飛ばされるかもしれません。そうなると、1次面接担当の採用担当はまた部長のニュアンスを汲んで、2次面接に送り込む人を変えなければなりません。こうなると、全社を挙げて、行き当たりばったりの採用になってしまうのです。

3つ目は、その部長もいずれ異動してしまうかもしれません。別の部長には別の好みがあります。そうなると自社にとって一貫性のない人材ばかりが入社することになり、永遠に全社のベクトルは揃いません。

●「一緒に働きたい人を選んで」は危険な言葉

採用基準を決めて、面接官と採用担当ですり合わせるという基本的なことを、丁寧に行うことが大事です。まずは採用基準を決めて、そのニュアンスまですり合わせ、面接ごとにどうかをさらにすり合わせる。こうすることで目線は少しずつ合っていきます。しかし、その採用基準が先述した通り「能力」や「スペック」だと、たまたま自社の文化にマッチしました、という人しか活躍できないですし、長く働いてもらうことにも繋がりません。

多くの企業の場合、面接官になる社員には、「一緒に働きたい人を選んでください」というオーダーが採用担当からあります。社員数が多い大企業であれば、多様性から生まれる思いがけないアイデアがとても大事ですから、それでもいいかもしれません。新規事業になれば、売上をまた押し上げることになるかもしれません。また、すぐに辞めても影響力はありませんし、誰かがその穴を埋め、また活躍する人を生み出していきます。

しかし、中小企業の場合、無駄な採用は本来したくないはずです。予算にも限りがありますし、ミスマッチですぐに退職になれば、その分の予算は無駄になります。「一緒に働きたい人を選んでください」という言葉で面接官は少し責任から開放され、安心しますが、誰もが自分の好みで選ぶ危険性を誘発してしまうのです。

採用基準の目線合わせ本当に手間のかかる仕事です。しかし、それを始めなければ、目線は揃わず、ミスマッチは誘発され、母集団集めの呪縛から永遠に逃れられなくなります。

8　採用と教育が連動していない企業がほとんど

●行き当たりばったりで採用、あとは現場よろしく

新卒採用であれば、最近は内定者フォローの段階から教育を始める例もありますが、基本的

に入社してから始まります。中途採用では直前まで前の会社に所属している人もいますから、当然入社してからになります。教育（研修）も業務時間として考えれば、当然そうなります。

新卒であれば、社会人としての基礎的なマナー研修から始まり、スキル研修などを経て、現場に配属されていきます。中途の場合は、入社時期がマチマチですので、いろんな部署の方が入れ替わりでどんな部署が仕事をやっているのか、伝える場があったりします。いきなり部署に配属され、上長と面談し、すぐに現場同行という場合もかなり多いと感じます。

ほとんどの企業の場合、そこにベクトルを揃えるという場はありません。理念研修を行う企業もありますが、ごく少数です。

つまり、行き当たりばったりで採用した人を、現場に配属してあとはよろしく。それが日本の採用から教育の構造なのです。神戸大学教授の服部泰宏氏は著書「採用学」の中で、「企業の採用担当は活躍までの責任は問われていない」と自らの調査から導き出しています。

ここに採用と教育の連動性のなさが露呈しています。これではインナー・ブランディングも何もあったものではありません。今の採用構造の中では、教育でなんとか補わなかったら、もはや社内のベクトルは揃わないのです。

ただし、価値観の違いを教育でどうにかしようとしても、それは強い反発を生み、離職を招くだけです。数合わせの採用はリスクでしかありません。

●「退職者は出る」という覚悟

しかし、先述した通り、ひとまず母集団を集めてそこから選んで、なんとか入社の目標人数を満たすという構造ですから、教育で目線合わせしていくのは相当苦労します。また理念研修を始めると言っても、何を具体的にすればいいのか、ほとんどの人にはわかっていません。

しかも、理念研修をやって、何か変化があるのか。それが明確でなく、数字で表現しにくいので、負担が増えるだけになるから、やろうとなりにくいということもあります。

また、理念研修というと「宗教的になってしまう」、「それで退職者が出たらどうするのだ」という懸念も生まれます。多様性が大事という最近のキーワードと、大きく離れてしまいそうな心配が生まれるのです。

多くの企業が、理念や価値観のすり合わせを入社後に研修としてやらないのは、今の採用からの流れを考えると、そういう結論を出してしまう構造になっているのです。しかし、どう考えても、社内のベクトルは一致していたほうがいいですし、後述しますが、それで売上も上がるわけです。

ではどうするのか？　まずは覚悟すること。理念や価値観を揃えることで先述の通り、退職者が出ることは避けられません。しかしそれは退職者、企業側にとってお互いによかったことなのです。その人が輝ける場所に行くべきですし、惰性で社内に残ることは、社内での悪影響に繋がります。そして入社した人だけでなく、入社する前から、理念教育が始まっているという発想で、採用を行うこと。採用↓教育ではなく、教育↓採用という大転換を行うこと。そうなると採用も、教育も大きく変わり、ベクトルが合いやすい状況を生み出せます。

9　会社の向かう先と個人の向かう先の不一致

●見落とされてきた会社と個人の想いをすり合わせ

企業全体での理念浸透策はなかなか手がつけられず、また手がつけにくい構造がそこにあることを採用の側面も踏まえて言及しました。しかしよくよく考えてみれば、社内全体での理念浸透だけやっていればいいわけではありません。

企業側が理念で何のために自分たちの会社はあるのか、また自分たちの行く先は何なのかを明確に明示する一方で、そこに共感して集う人がいることが理想の組織の状態です。だから採用からインナー・ブランディングを行う必要があるのです。経営理念の浸透は、売上と相関することがさまざまな研究によって明らかになっています。

しかし、残念ながらこれまでインナー・ブランディングの分野で具体的に、経営理念と個人の意志のすり合わせの重要性はあまり指摘されてきませんでした。昨今、パーパスがブームになっていますが、その議論が出てきてから、個人のやり甲斐や方向性と理念の重ね合う部分の重要性が指摘され始めています。

企業側は、理念浸透さえなかなか取り組めない状況ですから、まして個人のやり甲斐とのすり合わせまで行えている企業はもっと少ないと推測できます。このすり合わせを行うには、マネジメントでの工夫、制度設計への落とし込みなど、本当に全社に渡って広めなければなりませんので、なかなかハードルが高いのです。

●ズレていくしかない会社と個人の想い

結局、なぜ人が辞めてしまうのかと言えば、会社の方向性と個人の向かう先が不一致だからです。会社の考え方、方向性に共感し、個人もやり甲斐を持って「この会社でこうなりたい」という姿が描ければ、ずっと頑張り続けてくれますし、活躍人材になるはずです。

しかし、実際そうなっていないのは、採用で起こるミスマッチを入社後も解消できていないからです。ここでわかりにくいのは、採用時は応募者も企業側もお互いに「マッチしている」と思っているからです。しかし実はそうではなかったということに、入社した人は気づきます。でもそれを把握する場を会社としては用意していないですし、そこは日々のマネジメントで把握してくれ、という暗黙の了解でどの企業も進んで行ってしまいます。そして自分と会社のギャップはますます広がり、それが短期間に起これば、入社1年以内での退職に繋がります。

しかしこれを仕組みとして、採用も、教育も、制度も、マネジメントもすべてが徹頭徹尾一貫させることは、相当困難です。それぞれの分野もまた深い専門性がありますし、無数の協力企業があります。採用だけでも何社もお付き合いしているのが通常です。またそれぞれに社内の担当がいます。そこでも見解がわかれ、それぞれがそれぞれの考えで、よかれと思って推進していきます。これでは、永遠に会社と個人の重なりを見つけることはできません。そこでこの困難な取り組みをなんとか一貫させるための特効薬が、インナー・ブランディングの取り組みなのです。普通に組織を動かしていたのでは、個人と会社の想いはいつまで経ってもズレていくしかない構造になっているのです。

10　人はカルチャーマッチしてこそ活躍できる

●完璧な企画書とプレゼン。でもそれは自社の文化じゃない

「能力」と「スキル」を重視して採用した場合、その企業のお作法、つまり文化・価値観を垣間見たとき、拒否反応が出るか、好意的な反応が出るかは出たとこ勝負になってしまいます。たまたまその人と配属部署の上司や同僚が合えば、ラッキーですし、そうでなければいきなり

数ヶ月での退職もあるかもしれません。

例えば、「能力」と「スキル」がとても高いほうを採用できたとしましょう。仮にAさんとします。Aさんを会社としては即戦力として考えています。現状のマーケティングの抜本的な改善企画をAさんが任されたとします。「新しい視点で、ウチの今の事業の課題を指摘して、これからの改善案を出してくれ」と上司に言われて着手します。1ヶ月後、Aさんはパワーポイントでよくデザインされた綺麗な企画書を仕上げ、上司にプレゼンします。論理の流れも完璧です。Aさんの熱のこもったプレゼンに上司も感心します。Aさんも手応え十分です。しかし、プレゼンが終わったあと、上司から一言。

「キミの資料もプレゼンも素晴らしい。でも、社内資料はこんなにつくり込まなくていいし、箇条書きで十分。それに準備に1ヶ月はちょっと時間をかけすぎだな」。

Aさんはせっかく準備したのに意気消沈。Aさんはどう思うでしょうか？「箇条書きってどこまでの精度で書けばいいんだ？」、「もっと早くってどのくらいの期間ならOKなんだ？」、「箇条書きくらいで本当に伝わるのか？」と次々に疑問が浮かぶでしょう。

●当たり前の集積に、自社の文化はある

中途採用に不慣れな企業ほど、人の受け入れに各部署が慣れていませんから、こういうちょっ

とした現場でのミスマッチが起きやすい状況なのです。

今はさらに採用難ですから、ほとんどの企業が慣れていません。上司も最初にいろいろ説明していないのは悪いですが、上司からすれば「当たり前」のことすぎて、それを言わねばならないことにさえ気づかないのです。

文化とは、あえて気にしない「当たり前」の習慣の集積によってつくられています。企業ごとに暗黙のルール、共通見解があり、それを社内の人は了解した上で、日々の仕事が流れていきます。この文化を体得し、その上で、どう社内で動いていくのか。それができる人が自社にとっての活躍人材なのです。

そうだとすれば、採用から自社の文化・価値観を訴求する必要があります。自社の当たり前の集積＝文化であるなら、普段やらない文化・価値観の棚卸をする必要があります。そして、その文化や価値観に惹かれた人に、説明会や面談、面接を通して直接伝えていくことで、素早く自社の文化を体得することにつながるのです。

残念ながら、この文化に慣れる、という視点を持って採用している企業はほとんどありません。今は採用難ですから、とにかくどの企業も人数が欲しい。それもいればいるだけいいという状態です。でも本来は入社後の活躍こそ、望む結果のはずです。この視点がないから、入社後すぐ退職につながるのです。

第2章　差別化を生み出すインナー・ブランディングの取り組み

1　ブランドでいちばん大事なことは一貫性

●インナー・ブランディングこそ、ブランディングで最も重要な核心

ここからは、インナー・ブランディングの取り組みについて、順を追って、ポイントを整理していきます。この通りに考え、実行していくことで、インナー・ブランディングは確実に前に進んでいきます。

まず、大事なことは何のためにインナー・ブランディングを行うか、ということです。インナー・ブランディングは、自社の理念（ビジョン、ミッション、バリュー、パーパスなど）を達成するために行う、社内での活動です。概念としては、企業全体をブランディングしていく、企業ブランディングの中に、社外向けのブランディング（プロモーションなど）と社内向けのブランディングがあり、後者がインナー・ブランディングという位置づけで呼ばれています。

近年のブランド論を形つくったアーカー（２０１５）は「社内向けブランディングがカギになる」、「まず最初に行うべきが社内向けブランディング」、「ブランドを演じる人をどれだけつくれるかが大事」とインナー・ブランディングの重要性を指摘します。このアーカーの指摘に照らし合わせて言うのであれば、企業内のベクトルを揃えること、つまりインナー・ブランディ

ングによって組織内での考え方、取り組みに一貫性を出していくことが、自社のブランドをつくりあげることにつながる、ということです。

企業内のさまざまな取り組みが外に出ていくときに、社内のベクトルが合っていれば、社外へのプロモーションなどの訴求もブレることなく、効率的に企業のイメージが形作られていく、ということになります。

●オペレーションを効率的に強化するもの

社内のベクトルが合っていない状態で、外向けのプロモーションを行ったとしましょう。最初のうちは顧客からいい反応を得たとします。しかし自社の従業員に触れたときにガッカリさせられたら、逆にブランドを毀損する結果を招くことになるのです。

例えば、とても評判のいい飲食店があったとします。口コミの評価も高く、行く前から期待が高まります。しかし、料理が美味しくなかったり、接客で不快な思いをしたりすれば、あなたの頭の中でその店のブランドは築かれなくなります。もう二度と行かないでしょう。

また、あなたの企業が割引キャンペーンを行ったとします。ＬＩＮＥ友だち追加で10％割引券を配布。お客様がお店に行って利用しようとしたところ、システムの部署が割引を把握せず、レジで登録をしていなかったら使用できないことになります。新規顧客になるチャンスをあなたの企業はなくしてしまうのです。お客様もあなたの企業にいいイメージを持たなくなるでしょう。その後も利用を制限するかもしれません。

あなたの企業は「誠実さを第一に考えます」というクレド（＝行動指針）を大切に、企業ホームページでも、顧客の前でも折に触れて訴えていたとします。しかし何かトラブルがあったときに、顧客が自社の担当と連絡が取れなくなり、その後何の対応もせず放置していたとしたら。その顧客との取引はなくなってしまうでしょう。

どの例もオペレーションでなんとかなる、と思うかもしれません。そのオペレーションを効率的に強くさせるのがインナー・ブランディングそのものなのです。

●インナー・ブランディングの考え方で経営する

では、社内のどこまでインナー・ブランディングを実践し、浸透を行うべきなのでしょうか。その答えは、全部署、全従業員で実践するということです。営業も、マーケティングも、広報も、総務も、人事も、また役員も、部長も、課長も、係長も、リーダーも、全部署、全階層が参加し、実践していかなければ、意味がありません。

インナー・ブランディングとは、ブランディングという名前こそついていますが、組織づくりそのものであり、事業計画をかなえるための全社的取り組みなのです。だから経営者自身が

〔図表６　インナー・ブランディングとブランド化の関係性〕

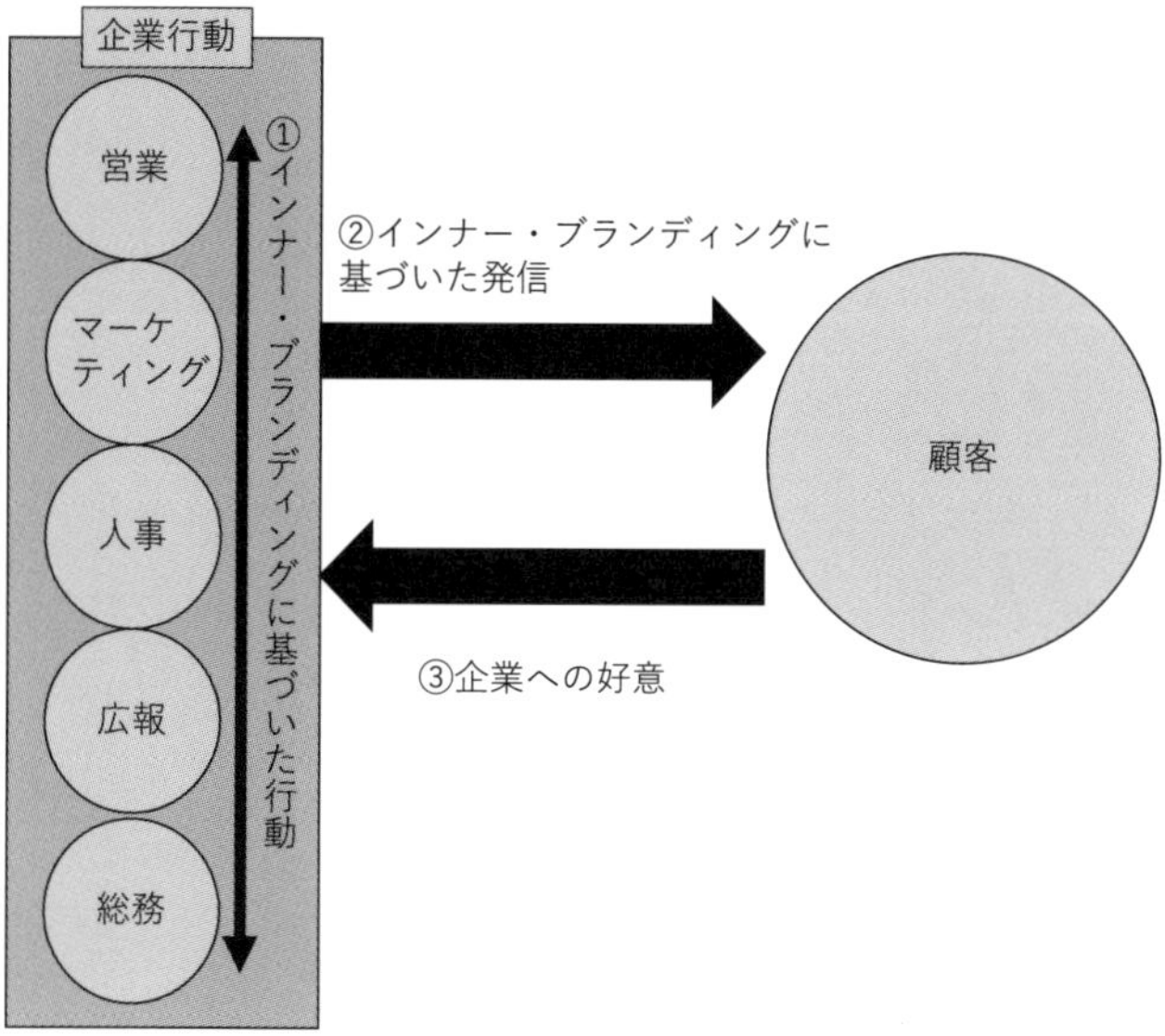

このインナー・ブランディングをしっかりと理解し、コミットすることがとても重要になってきます。言い換えれば、インナー・ブランディングの考え方で経営するということなのです。さらに言えば、この視点を社長だけが持つのではなく、社長からなるべく遠い存在の従業員までが持つことができれば、組織はどんどん強くなることができます。またそれを行うためにすることがインナー・ブランディングでもあるのです。そして顧客との関係性を強くしていきます。その順番は図表６の①→②→③の順番に起こります。

組織づくりをしよう、個人の成長

を促そうと思うと、部署ごとに、また階層ごとにやることが変わります。しかしインナー・ブランディングのもとに行っていけば必要なものとそうではないものを選別することもできます。また研修をやろうと思えば、どうしてもやらされ感が出てしまい、その場限りの学びになりがちです。インナー・ブランディングは個人の主体性を引き出しながらになりますから、やらされ感も薄れます。この全社的な取り組みに参加することが、もうすでにベクトル一致へ近づいていくことになるのです。

2　浸透には段階がある

●制作物をつくっただけでは、机やロッカーの肥やしになるだけ

インナー・ブランディングを行う上で重要な理念浸透には、4段階あると言われています。①理念を覚えている。②具体例を知っている。③自分の言葉で言える。④行動に結びつける、と松岡（1997）は理念浸透の研究から定義づけています。この4段階に沿って考えれば、何をすればいいのかわかります。

例えば、①「理念を覚える」段階でよくある例では、理念の唱和を行う企業です。企業によって多く賛否が分かれるところです。毎朝唱和している企業もあれば、唱和は気持ち悪いのでや

らないという企業もあります。

唱和をするか、しないかは企業文化によって判断がわかれるところではありますが、いずれにしても過去の研究から、「覚える」ということは必要となっています。ならば、どうするのか。試験を行ったり、カードを配布したり、ポスターを掲示したり、さまざまな打ち手が考えられますが、この具体策に関しても、最速で従業員が覚えてもらえる方法は何なのか、という視点に立って、企業文化に応じて、打ち手を講じなければなりません。

ＨＲ総合調査研究所（２０１３）の調査によれば、理念浸透を行っている企業では制作物（パンフレット・カード）を配布していると回答したのは、57％とかなり多いのですが、それだけで終了してしまうと、①「覚える」にも次の②「理解する」にも寄与しないでしょう。多くの従業員が一度見ただけで、机やロッカーの肥やしにしてしまうでしょう。

●月間ＭＶＰの表彰で、少しずつ理解が一致してくる

②「理解する」フェーズではどんなことをすればいいのでしょうか。例えば「気持ちよく挨拶をする」というクレド（行動指針）があった場合、「気持ちよく」とはどんな挨拶の仕方なのか、個人によって大きく解釈がわかれます。ある人はとにかく大きな声で挨拶する、と解釈するかもしれないですし、またある人は笑顔で挨拶すると解釈するかもしれません。

解釈には会社としての公式見解がしっかりあることが大前提になりますが、「会社としては、相手の目を見て、笑顔で挨拶することを気持ちよくの解釈とします」ということのコンセンサスを得なければなりません。このコンセンサスを得るやり方ですが、例えば、理念が決まって全社で発表する場でというのがオーソドックスには考えられます。では普段はどんなことをすればいいのでしょうか。

例えば1週間～1ヶ月ごとに、理念に沿った行動やその結果（お客様の反応など）を社内SNSに書き込み、それをインナー・ブランディング委員会で検討して「月間MVP」を数名選び表彰、座談会を行って、それを記事化し、社内で共有するというやり方もあります。これを行っていくとどんな行動が推奨されるのかが、全従業員が理解できるようになっていきます。そうなると、だんだん社内SNSへの書き込みのレベルが上がり、つくった委員会の意図に近い投稿が増えていくようになります。まさにそれが、理念浸透が現在進行で進んでいることの証になります。

ぜひ行ってほしいのは、その書き込みに委員会のみなさんがコメントを付けること。そうすることで、リアルタイムで承認を行えるので、スピード感を持って行動が強化されます。

またこのやり方は、業種を選びませんので、どんな企業にも効果のある鉄板のやり方です。ただし、絶対に継続すること。取り組みをやめてしまうと、そこで効果が途切れてしまいます。

●話すことで、社内のスキル共有にもつながる

③理念を自分の言葉で話すはどのようなことを行えばいいのでしょうか。まず③に関して言えば、各従業員が自分の言葉で発表する機会を持つことです。例えば、全従業員で社内ＳＮＳに書き込んだら、それを翌週会議などで発表し合います。書き込んでいないことも含めて、ニュアンスを共有し、またお互いに質問し合い、それに答えることで社内の理解は一気に促進されます。

またこの会議での発表は、思わぬ副産物にもなります。具体的な行動に関して、結果も添えて社内ＳＮＳに書き、それを発表しますので、社員同士の知見が一気に深まり、他の人もその行動ができるようになり、サービスや商品のレベルの向上に寄与します。

例えば、外食系の企業で、Ａさんが「お客様にはどんなときも目を見て、笑顔で接する」というクレド（＝行動指針）に沿って、こんな書き込みをしたとします。「先日、60代の男性のお客様から、会計がおかしいとクレームがあり、１０００円の値引きを求められました。『今日はお越しいただいてありがとうございました』と感謝を伝えた上で、私は興奮するお客様の話を最後まで眼を見ながら聞いた上で、一緒にメニューを見ながら一つひとつ価格を確認。レシートと照合していきました。最終的にお客様にはお会計にご納得していただいた上で、『ありがとう。こんなに丁寧な接客をされたのははじめてだよ』と言われ、笑顔で帰っていきまし

た」。

Aさんがこれを話すことで、ニュアンスまで伝わり、同じようなことが起きた場合、どうすればいいのか周囲にも伝わります。また簡潔に話すスキルが養われ、社内共有のスピードが上がっていきます。

●一番現場に近い上司がカギ

④理念を実践するは、①～③を継続的に行うことで個々人の実践を促すというのが基本方針です。しかし、なかなか実践しない人も中には出てきます。従業員が多い企業であれば、なおさらです。書き込みも、従業員の多い企業では、サボる人も出てきます。

そのため実践をどう促すか、というのは2つ方法があります。1つは評価を絡める方法です。書き込まなかったらペナルティーというやり方もありますが、書き込むごとに給与に＋○円というのも方法でしょう。またシートなどで半期や1年でこんなことをする、ということを従業員に記入してもらい、それを上長とすり合わせて評価にするというやり方がありますが、その中に書き込みに関して○件以上書き込む、など宣言してもらうやり方もあるでしょう。また月間MVPを1回以上獲得する、みたいな野心的な宣言があってもいいかもしれません。

2つめは、その「決め」に沿って、上長が責任を持ってマネジメントするのです。書き込みに関してアドバイスや感想をフィードバックしてあげることで、本人のモチベーションを維持することができます。

そのフィードバックの際に気をつけなければならないのは、会社側の意図とは違う意図の書き込みであったとしても頭ごなしに否定しないことです。本人はそれが「正しい」と思って書き込んでいる可能性が高いのです。ズレていると思ったら、放置するのは論外ですが、なぜそういう行動をとったのか、しっかりと話を聞いた上で、ズレを修正していくのです。最終的には、一番現場に近いマネジメントを行っている責任者の動きがインナー・ブランディングの成否を握っています。

3　理念を言語化する

●顕在、潜在のルールの中に、価値観は隠れている

浸透には段階があることがわかりましたが、大前提として、企業の目指すべき方向性である理念（ビジョン、ミッション、バリュー、クレド、パーパスなど）がしっかり言語化されていることが大前提です。インナー・ブランディングの取り組みとは、この理念に沿って行動できる人を、全社的に増やすことであるとも言い換えられます。

理念を言語化することのポイントは4つあります。①プロジェクトチームを組む、②当たり前になっている習慣に目を向ける、③社長の想い、④みんなの想い、⑤伝わるライティング、です。

まず①です。これは次の項にも関わってきますが、全社横断のチームをつくることをおすすめしています。「社長に想いを話してもらい、言語化する」はスピード感を持って言語化はできるでしょうが、その後の浸透には苦労します。従業員の立場から言えば、発表時には勝手に社長から降ってきた感覚になり、現場では実感もなく押し付けられた感覚になる人が多くなるからです。その点、プロジェクトチームで行えば、現場の感覚を吸い上げることも可能なので、社長だけの感覚にならず、その後の浸透が早いのです。

②は「何を吸い上げるのか」という点で指針になるものです。企業が大切にしている文化は、(暗黙の)ルールの中にあります。「毎週水曜日は社長ランチ」、「社内部活奨励」、「全社運動会」、「企画書はワードで箇条書き」など具体的な事例に目を向けることです。その目的を掘り下げることで、自社の価値観が浮かび上がります。

●生き方が、経営に反映されている

③社長の想いは外すことはできません。社長が過去どのように考え、何を経験してきたのか、

今から未来へどのようにしていきたいのか、それを理念に反映させなければ、意味がありません。「社長の器しか会社は成長しない」とよく言われるように、社長は扇の要。理念が企業にとって最上位概念であるとすれば、社長の意志を無視することはできないのです。

とくに創業社長の場合、その生き方が企業の成長に大きく反映されます。創業社長であれば、幼少期から追って話を聞いていくことで、今ある制度、文化、事業がなぜあるのかが、よく理解できるようになります。

人の価値観は、その人の決断のときに現れます。大きな決断であればあるほど、価値観で人は考える傾向にあります。進学、就職、転職、結婚、住宅など人生の転機をはじめ、大小さまざまな決断を追いかけることで、それが企業経営に大いに反映されていることが多いのです。

社長の想いを聞き出すのは、従業員では難しいかもしれません。それは「こんなこと聞いてしまっていいのか」という遠慮が働きやすくなりますし、逆に社長も「こんなプライベートな話を従業員にしてしまうのは恥ずかしい」という感覚になりがちです。お酒の力を利用しても、それが本当に社長が思っていることなのかを推し量ることが難しくなりますし、取材者も忘れてしまうかもしれません。

取材は、簡単なようで、聞き出すのは実はとてもテクニックが要ります。取材経験がかなり重要になりますし、深い情報を聞き出せるほうが、「その企業らしさを汲んだ言語化」につながります。

●「この人はウチの考え方を体現している」という人の話を聞く

④みんなの想いがなぜ重要なのか。それは2つのポイントから指摘することができます。まず1つ目は、「言語化のあとの理念浸透をしやすくするため」です。言語化しようと決めたその時点まで、企業は成長してきています。そのとき、もちろん社長の影響力は大きかったにしても、すでに退職した多くの先輩たちを含め、社長以外の従業員もその企業のこれまでの成長に寄与してきたはずです。これまで社長以外の多くの人たちが何を仕事の中で大切にしてきたのか。それをかき集めるのです。

そのとき、5人や10人の企業であれば、全員に聞いてもいいかもしれません。しかし、50人以上にもなれば、全員の話を聞いて回るのはかなり無理があります。もちろん何人かで手分けして話を聞いたり、アンケートで吸い上げる方法もありますが、前者は取材後の共有方法をどうするか、本当にそれで吸い上げられるのか、という点で言語化の精度が低くなる懸念がありますし、後者はアンケートの作成、またその集計や分析でかなりの手間を要します。

もちろんたくさんの人に話を聞き、吸い上げるのはとても大切なことです。しかし、社内で行っていく場合、現実的でもありません。

その場合は、それぞれの部署の活躍人材の話を優先することです。「この人はウチの考え方を体現している仕事をしている」という人を優先して話を聞くのです。企業規模にもよりますが、その企業の考え方、価値観は５人〜10人の活躍人材に話を聞けば、概ね把握できます。これを理念の言語化に反映させることで、従業員にも現実感のある言語化につながっていくのです。

●自分たちで書かない勇気を持とう

⑤伝わるライティングも、理念浸透にはとても重要です。話をまとめられ、言葉にできたとしても長かったり、わかりにくかったり、抽象的すぎると、浸透のスピードは落ちていきます。

例えば、エアコンや家具、家電の設置や引っ越しなどを手掛ける企業。今後の方向性は家の中にあるさまざまなお困り事をなくすために、より事業を展開していきます。その企業のビジョンが「私たちは、お客様の満足度の向上を第一に考え、お客様が豊かな人生を歩んでいくために、できる限りのことを精一杯、現場で行っていきます」だと、長いわりに抽象的で、どの企業でも言えてしまうため、独自性も出ません。

言葉になぜ独自性が重要なのでしょうか。それは言葉で独自性が出せることで、従業員の行動がより具体的になり、浸透のスピードアップに寄与するからです。独自性ある言葉で世の中に発信することで、知名度や企業理解の向上につながり、それは売上や採用に寄与していくのです。

右記のビジョンを例えば「家の困ったをなくす」とライティングすれば、これはそのまま企業スローガンとして、企業名とともに発信することができます。社員にも「家の困ったをなくす」企業であるというメッセージになり、そういう考え方で動く人を増やすことにつながります。それがインナー・ブランディングの理想形であり、その行動の集積が顧客の自社に対するイメージを形づくることになるのです。それがまさに「ブランド」なのです。

理念言語化のライティングは非常に専門的で難易度が高いもの。信頼ある人に必ず依頼しましょう。社内でやろうとしてつまずくと、いつまで経ってもインナー・ブランディングを行うことができません。

4　つくるところから浸透は始まっている

●言語化することだけを目標にしない

前項の理念を言語化することで、やっと浸透に移ることができます。しかし言語化することと、浸透することを切り離して考えてしまうと、経営として非常に効率が悪くなってしまいます。長い取り組みになるわけですし、効果がいつ出てくるのかも社長は不安でしょうから、なるべくスピード感を持って、効率的にやりたいものです。インナー・ブランディングはこのタイミングで始めるべき、というものはありません。「やろう」と思ったときがタイミングですし、早く始めれば、早く効果が出ていきます。逆に言えば、いつかやろうと想いながら始めなければ、効果はいつまでも出ないことになります。

実は、言語化する段階から浸透は始まっています。ここをそう考えずに、単に言語化することを目標にしてしまうと、大変もったいないことになります。だから、言語化からすでに浸透が始まっていると思って、プロジェクトを設計しないといけません。

社内横断でプロジェクトメンバーを選ぶということは、まずその第一段階です。それは社内の多くの人たちに話を聞くことで、歴史や文化がどう成り立ってきたのかに触れられる時間になります。自然とプロジェクトメンバーはそれを自分の普段の仕事に置き換え、考えるようになるのです。

またメンバー同士の議論によってすり合わせが進みますので、共通認識を育てることになります。これがその後の浸透スピードを上げてくれるのです。

通常は部署が違えば、その人の考え方を深く知る機会はそうありません。言語化したあとも、その背景までも知っていることで、彼らが従業員と経営者のハブになって浸透を推進していくことができるのです。そして、より彼らの帰属意識が高まっていくのです。

●効果を逆算してプロジェクトを進行させる

プロジェクトメンバーになると、現場でのパフォーマンスが上がる。私たちがお手伝いしたプロジェクトが終わったあとの調査では、そんな声が数多く挙がります。なぜそんなことが起きるのでしょうか。

プロジェクトで先輩、後輩、上司、部下、さまざまな部署の、さまざまな人に話を聞き、またこれからの会社の未来について考えることで「なぜ自分がこの会社で働いているのか」を考えるようになります。また会社の根幹を決めるメンバーに選ばれることで、自己肯定感も上がります。

だとすれば、これを逆算してプロジェクトを進行していかない手はありません。

例えば会議の終わりに「今日の気づき」を発表し合い、次回の会議までに「現場で何をするのか」を宣言します。そうすることで、会社の価値観が、早い段階からそれぞれの現場に浸透していくのです。また、プロジェクトに送り出した側の上長も「会議で何を得たのか」、「次までに現場で何をするのか」を聞きます。そうすることで、その人の部署内での行動が強化され、メンバーのさらなる成長にもつながり、それは部署内の他のメンバーにも影響を及ぼします。

インナー・ブランディングは、1人でも多くの人が、理念に沿って行動できることで進んでいきます。プロジェクトメンバーからいち早く行動することがカギになっていきます。ならばそれをバックアップし、強化する役割を担うのがプロジェクトメンバーを受け入れ、また送り出す側のマネジメントになってきます。

プロジェクトメンバーからまずは思いっきり成長しましょう。できれば現在より1つ上の役職の行動ができるようなイメージを持ってプロジェクトに臨むと、本人のためにも、会社全体のためにもなっていきます。

●部署内へのプロジェクト共有は重要な任務

プロジェクトメンバーは会議で何を行っているのか、積極的にその途中経過を部署内で話すことが重要です。他のメンバーは「理念の言語化プロジェクト」や「ブランディングプロジェクト」と言っても、何をやっているのかまったくわかりません。現場の仕事を免除され、果たしてあいつは何をしに長時間部署を抜けているのか。そう疑問に思うメンバーもいるはずです。たまたまプロジェクトメンバーと仲のいい人であれば、直接聞けるでしょうが、そこまで関係性が深くない人はあえて聞けない人もいるでしょうし、「あいつだけズルい」と嫉妬する人もいるでしょうし、足を引っ張る人もいるかもしれません。

その後の理念浸透のスピードを上げる意味で、プロジェクトメンバーの部署内での共有はとても大切です。前回話し合ったことを時間の許す限り、できる限り詳細に自分の言葉で話すこと。そして何のためにやっているのかを常に伝えること。そうすることで、応援してくれる人や協力者を少しでも増やしていくことができます。

部署内の責任者は、メンバーが話しやすい体制をつくることが大事です。間違っても、先述の通り、嫉妬したり、足をひっぱったりはしないでください。プロジェクトメンバーを部署内で孤立させては、理念浸透が遅くなるだけです。その行為は、インナー・ブランディングの見地からすれば、経営スピードを遅らせる重大な遅延行為になります。

部署内から重要なプロジェクトに選ばれるメンバーを誇りに思い、本人を承認してください。

●各部署のエースを集める

言語化のあとを見据えると、プロジェクトメンバーの選出はとても大事なことです。理想は社長直下のプロジェクトであること。そして各部署のエースを抜擢することです。次の時代を担って欲しい人を任命すべきです。だから各部署に社長から協力を要請し、プロジェクトの重要性の共通認識をつくってください。

それにはやはり社長が自分の言葉で会議の場で話をしたり、文書や社内ＳＮＳで直接語りかけたりと、「肝いり」プロジェクトであることを伝えてほしいのです。これからの企業文化を変える取り組みです。ということは、経営そのもののやり方が変わっていきますし、従業員の評価にまで関わってくる話にもなります。だからとても重要であることを強調して欲しいのです。

企業によっては、立候補を受け付ける場合もあります。誰に託してもいいという腹づもりが社長にあり、立候補を受け付けたとき、しっかり手が上がる文化がすでにあれば、機能します。この場合、とてもやる気で、前向きな人たちでプロジェクトメンバーが構成されることになるので、議論のレベルが高く、スピード感を持って進行することになります。また、特別に手当を支給する企業もあります。

しかし、多くの企業の場合は、メンバーを任命することになるでしょう。

メンバーのリーダーで、議論のまとめ役も必要です。これは人事や経営企画の責任者がなることが多いです。取締役のこともあれば、部長職の場合もあります。

そして重要なのは、プロジェクトのメンバーとして、社長が議論に参加するかどうかです。会社の根幹に関わる議論ですので、基本的には社長が最終決定者として入ることをおすすめします。しかし、少し大きな企業になってくると、議論自体には入らず、プロジェクトリーダーに任せる場合も多くあります。そのとき、アドバイス、リクエストは責任者としてあって然るべきですが、議論を根底から覆してはいけません。それをやってしまうと、なんのために集まって議論しているのか、わからなくなりますし、浸透のモチベーションが下がり、スピード感が落ちます。口を出すなら、議論に入ることを決定してください。

5　10段階あるプロジェクトの工程

●理念―戦略―現場を一貫させる

よく「理念―戦略―現場」の整合性を取ることが企業経営にとってとても重要である、ということが言われます。インナー・ブランディングの実践の場合は、このフレームで考えれば、まさに現場で理念や戦略の実行を体現することです。理念と戦略を理解し、そこに沿って行動できる人をいかに増やせるのか。それがインナー・ブランディングでもっとも重要であることです。

理念の言語化とは、企業経営の根幹。最も重要な仕事であることに間違いありません。しかし、ブランディングの見地から考えた場合、単に言語化するだけではなく、理念の言語化を目指しながらも、その理念を自社の戦略に落とし込むことで、理念―戦略の整合性を一気にとることができます。

図表7は理念言語化とともに、その理念を自社の戦略にまで落とし込み、さらに社内外への浸透（社内への理念―戦略の浸透/社外へのプロモーション）計画まで一気通貫して行える工程図です。つまりここでつくった計画を実践していくことで、必然、企業ブランディングにな

〔図表７　インナー・ブランディングを実践するまでの工程〕

プロジェクトの工程	何をするのか
①基本を知る	ブランディングの意味や知識の意思統一
②機運をつくる	プロジェクトの位置づけを共有
③組織をつくる	プロジェクトチームの目指す方向性を共有
④環境を見つめる	i.　強み・弱み・機会・脅威、外部環境を書き出し、整理する ii.　競合の設定と優位性 iii.　ファンになってほしい人は誰か iv.　ペルソナ像を考える＆ビジュアルコラージュ
⑤進む方向を考える	i.　ポジショニングマップを考える ii.　機能的特徴、情緒的特徴、志、やるべきこと、社会に提供すること・感じてもらいたいことを整理 iii.　現在の姿とありたい姿のイメージを考える。
⑥ブランドの基盤をつくる	i.　ブランド・ステートメント、ビジョン、ミッションの素づくり ii.　ブランド・パーソナリティ（見せ方、言い方、動き方）づくり iii.　ブランドストーリーづくり iv.　トーン＆マナー（見え方）の可視化 v.　トーン・オブ・ボイス（口ぶり／説明の仕方）の可視化
⑦伝え方をつくる	社内での取り組み内容を考える
⑧活動を考える	社内での取り組み内容の決定、チーム組成、役割分担（自身の仕事に落とし込む）
⑨デビューさせる	社外へのブランド発信のしかた（戦術）を考える
⑩成果を活かす	現状のブランドチェック／自身の歴史から自分がこれからすべきことを表明する

ディスカヴァー・トゥエンティワン「超実践！　ブランドマネジメント入門　愛される会社・サービスをつくる10のステップ」（2022）より一部改変

ります。このうち社内向けに計画したものを、行うことがインナー・ブランディングです。しかし、社外向けプロモーションを大々的に行える企業はそう多くありません。だとすると、ほとんどの企業にとって、ブランディングとは、ほぼインナー・ブランディングそのものになります。社内での取り組みを通して、社外の顧客に向けてイメージづくりを行っていくのです。

つまり、インナー・ブランディングとは、企業規模を問わず実行できることなのです。

●一石二鳥。本番環境で、トレーニングの効果

さて工程を見ていきましょう。①～③までは準備段階です。①基本を知るではブランディングの意味や知識をプロジェクトメンバーで揃えます。ブランディングは人によって解釈の幅が広い言葉です。違った認識のまま議論していても、噛み合いません。

②機運をつくる、③組織をつくるはプロジェクトメンバー間で、プロジェクトの位置づけ、方向性を確認する場です。何のために行うのか、このプロジェクトで何を目指し、またどんなふうになって欲しいのか。社長やプロジェクト・リーダーから直接伝える場を設けるべきでしょう。

インナー・ブランディングのプロジェクトを行うことは、確実にメンバーの成長を促します。会社の根幹である理念、そして戦略づくりを担います。視座、視点、視野が上がり、メンバー

の行動が変容していきます。それは言い換えれば、「自社の理念、戦略づくりという本番環境を通して、自己成長を促すトレーニングとしての効果」が期待できるのです。

多くの企業でさまざまな種類の研修を行っているでしょう。研修という環境は「用意されたバーチャル環境での成長の促し」であることが多いのです。例えば「あなたは、とある製造業の工場責任者です」から始まるケース事例があり「こういう場合どうするか？」という議論が行われます。自社が製造業でなければ、完全にバーチャル環境です。研修が「その時間は有意義だけど、扉を出たら、忘れてしまう」と言われる理由はここにあります。

インナー・ブランディングの取り組みには、一石二鳥の効果があるのです。

●ブランドは数字で測れないものでつくられる

④環境を見つめるでは、徹底的に自社の強みに関して、あらゆる角度から迫ります。そして、自社が一番ファンになってほしい人を設定します。

さまざまな事業部がたくさんあり、それぞれターゲットが異なる企業では、企業全体としてファンになって欲しい人、という設定で考えてください。

なぜ強みとターゲティングを精緻にする必要があるのでしょうか。それは「誰に何を伝えるのか」を決めなければ、言語化できないからです。前述した長く、抽象的で、どこにでも言える言葉になるのは、ここが整理されていないからです。「ブランド」とは顧客の頭の中にあるイメージです。それを従業員を通して行うことがインナー・ブランディングです。

⑤進む方向を考えるでは、強みの整理を参考に、競合も踏まえて、自社のポジショニングを考えます。あらゆる自社の強みの中から、とくに何を重視して戦えば、競合とかぶらず、独自性を出せるのかを検討します。

また、ブランドとは情緒的な特徴や志、社会への提供価値がポイントになります。機能的な価値、つまり、数字で比べられるものはブランドにはなりにくいのです。例えば、価格優位性があっても、競合が安い値付けをすれば一気に優位性はなくなります。製品の性能でも同じです。一定期間競合より勝っていても、越されてしまえば、優位性はなくなります。だから機能的な価値があっても、ブランドにはなり得ないと考えたほうがいいのです。

●真面目に楽しく！　そうでなければ、伝わらない

⑥ブランドの基盤をつくるは⑤までの集大成です。それまでの議論を踏まえて、理念の言語化、そしてそれらを踏まえて、どう見せていくのか、伝えていくのかを議論します。まさに会社の根幹を決める場。ここの議論は大いに盛り上がるはずです。

ブランド・パーソナリティを考える場では、見せ方、言い方、動き方を考えます。ブランド・

パーソナリティとはブランドの人格化。つまり企業を人として考えたときに、どんな見られ方をしてほしいのか、どんな話し方をするのか、どんな行動をする人なのかを考えるのです。これを行うことで、社内外への伝え方のイメージをすり合わせることができます。

さらにブランド・ストーリーづくりで、どうすれば理念が伝わるか、企業の中にあるストーリーと紐づけて話していくことや、トーン＆マナーを考えることで、企業としての見え方をすり合わせていきます。

また、トーン・オブ・ボイスの項目では、それまでの議論を踏まえ、どのような口ぶりで説明をすればいいのかをすり合わせます。理念の言葉を言語化しても、そのままをストレートに伝えていくだけでは、なかなか伝わっていきません。ここでの議論は、社内に伝えていくにも、社外に伝えていくにも、とても重要な議論になります。ここまで考えて発信するから、効率的なブランディングになるのです。

注意すべき点は、真面目に楽しくです。会社の基盤になるものですから、とても重要であることはもちろんなのですが、メンバーが楽しいと思えなければ、伝わりにくいものになってしまいます。メンバーがワクワクし、早く社内外に伝えたい！　そんなふうに思えることがとても大切です。その楽しさが、言葉や施策に反映されるので、のちの浸透がスムーズに行きやすくなります。

●自社のブランドづくりとは、ブランドで経営していくこと

⑦伝え方をつくる、⑧活動を考えるは、社内での取り組み、まさにインナー・ブランディングの実行施策を練る場所です。いつまでに、何をしていくのかを決め、メンバー内での担当を決めましょう。10工程が終わったあとは、ここでつくった計画のPDCAを回していくことになります。

⑨デビューさせるでは、社外へのブランド発信を考えます。主にはプロモーションの企画となります。ここでは多分に予算が重要です。しかし予算がとれない企業の場合でも、何か発信できることはあるはずです。例えば、自社HPやブログ、SNS。労力はかかりますし、それを支援する外部の企業もありますが、自社でできることもあるはずです。それを考えて実行していくことも、社外へのブランド発信になります。

⑩は改めて現状のブランドチェックを行い、つくった計画とのギャップを確認。実行の前に認識を揃えます。さらに、ここまでの一連のプロジェクトを振り返り、自分がこれから浸透に向けて何をするのか、日々の仕事の中にどう位置づけて実行していくのかをまとめて、発表します。

この工程に沿うことで、ブランドづくりを緻密に実行するための計画ができあがります。本書はインナー・ブランディングをテーマにした書籍ですが、そのインナー・ブランディングで

さえ、自社のブランドづくりという視点で見れば、その中の社内向けの取り組みです。

この位置関係を把握すれば、インナー・ブランディングそれ自体だけを考えて実行していればいい、という考えにはならないはずです。自社のブランドづくり、それは言い換えれば、ブランドで経営していくことに他ならないのです。

6　大々的に社内に伝える。周到に準備する

●言語化しながら、スピーチの準備をする

すべての計画が揃った時点で、理念の発表、その説明、そして計画まで、全社でできる限り大々的に発表しましょう。では、果たしてなぜ大々的でないといけないのでしょうか。

それは、それだけ重要であるということを、社内にメッセージとして伝えるためです。これを例えば朝礼などでサラッと発表しただけだと、「その程度のもの」ということで、重大さが全く伝わりません。会社の行く末を決め、この考え方、計画に則って会社を進めていくということの真剣さを社内のすべての人に伝えることが必要になります。

社内に大々的に発表するチャンスは２回あります。まず１回目は理念の言語化が固まったとき。できればそれまでの議論の経過も踏まえて発表するといいでしょう。そうすることで言葉

の背景まで理解することができます。

また、この言葉によってどんな未来を目指していくのか、社長自ら熱く語りかけなければなりません。それも具体的であればあるほどいいと思います。そのほうが従業員もまたイメージしやすいからです。ひとりでも多くの人が、頭の中でイメージできると、一気に浸透も進んでいきます。だから社長はプロジェクトで言語化していくときに、すでにこの発表のことも考え、スピーチの準備をしていかなければなりません。話すことが苦手な社長は練習をしてください。なにせ発表の一発目です。最初のインパクトが肝心であることは言うまでもありません。

●社長が、その計画の背景や意図まで伝える

2回めのチャンスは、社内外の計画が決まった時点です。プロジェクトは何ヶ月にも渡ります。まとめて発表するよりも、途中経過とともに全従業員に伝える機会があったほうが、すでにこの時点から浸透を巻き込んでいけますし、従業員にもそのプロジェクトの重大さが伝わります。

とくに従業員にとっては社内向けの計画が気になるはずです。自分たちの仕事の流れが変わる可能性があるからです。従業員の気持ちに配慮し、話す必要はありますが、細かいケアは現場の責任者が任せるとして、社長としては決意を持って、この計画を進めていくこと、そして

全従業員に協力してほしいとお願いすることが大切です。

細かくなるようであれば、プロジェクトの詳細はプロジェクト・メンバーが話してもＯＫです。その前に社長がしっかり自分の言葉で伝えること、また詳細を聞いて従業員がザワつくようであれば、いつでもその背景、意図を補足する準備が大切です。

例えば、「毎日日報で、今日理念に沿ってどんなことをしたのか記入していただきます」という詳細計画が発表したとします。従業員からすれば、「仕事が増えた」と、めんどくさい気持ちになるでしょう。そのときに、メンバーがその意図を説明しても、「なんであなたからそれを言われなきゃいけないんだ」という割り切れない気持ちが出てくるものです。

ですから、社長や然るべき責任を持ったプロジェクト・リーダーがしっかりその意図まで説明することが大切になります。

●リッカートの連結ピンで考える

なるべく発表時に腑に落ちるような納得感を１割でもいいので、残せることを目標にしてください。完全に全社員が納得、腹落ちできるのは無理です。その先は現場でのマネジメントでのフォローが大切になります。

図表８はリッカートが提唱した連結ピンの考え方です。頂点が社長だとします。そのすぐ下

〔図表８　リッカートの連結ピン〕

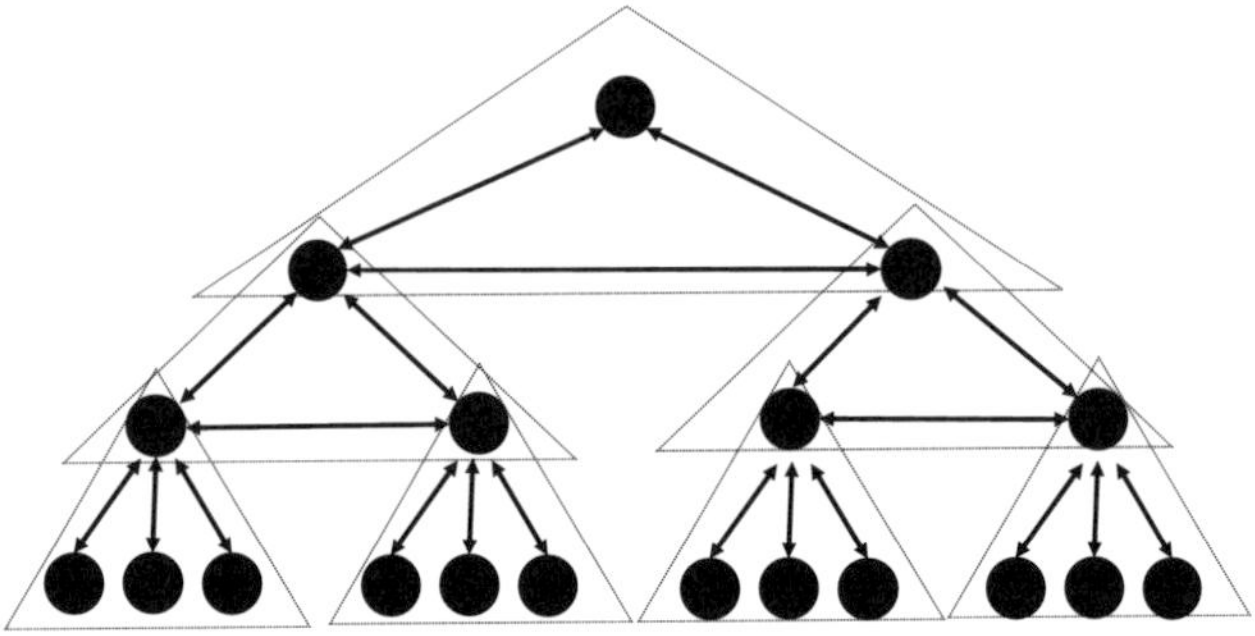

Likert（1961）により筆者作成

の2階層目の2つが取締役、3階層目が部長、そして一般従業員だとします。

たいてい、トップが指し示した目標は適切な形で従業員まで届くことはありません。上下の階層をつなぐ役割の人が、適切に下層に落とし込んでいくことで、全従業員に浸透していきます。理念を各部署に落とし込んで、それを踏まえて、自分たちの部署では具体的にこれをやる、というのを決めることも全社に浸透させていく意味では必要かもしれません。

全社発表を行い、直接社長やプロジェクトメンバーから熱意のこもった話をすることはとても大事ですが、それだけでは従業員の納得や腹落ちを促すことはできません。そうなると、このリッカートの連結ピンの考え方を用いて、各部署の責任者にまずは腹落ちしてもらい、その上で従業員に責任者から話をしてもらうことで、理念浸透はスピードを上げることができます。

ここで発表もせず、現場責任者までの落とし込みをしないとなると、それこそ何のためにプロジェクトを推進してきたのか、というレベルで意味のないことになってしまいます。理念の浸透すなわちインナー・ブランディングは、社内で動いてこそ意味があります。発表や落とし込みも周到に行ってください。

7　浸透は、定量と定性でチェックする

●理念浸透の過程で何をすべきなのか

浸透の計画は、各社それぞれさまざまなものがあっていいと考えています。それはそれぞの企業で文化・価値観が違うからです。２章―２で示した通り、浸透のプロセスに合わせて、唱和が一番効く会社もあれば、試験が一番効く会社もあるからです。

２章―２で示した通り、定性面での取り組みで鉄板なのは、理念に沿って行動し、どんな結果が出たのかを定期的に集め、表彰し、ＭＶＰ同士で座談会を開催、表彰者で共有します。この取り組みの意図は、ＭＶＰ受賞者それぞれが現場に持ち帰ることで、自身の行動が強化され、周りに好ましい影響を与えていくことです。

この取り組みをとにかく継続することで、まず①ＭＶＰ受賞者のレベルが上がっていきます。

そして②SNSなどへの書き込みレベルが上がります。ある程度上がってきたことを見届けたら、③選ばれなかった人にも座談会を積極的に開放しましょう。もちろん最初から開放してもいいのですが、多くの人は気後れして来ない場合が多いのです。③の参加数が増えていくことで、社内の関心度、浸透度の指標になります。

この人数を増やすには、いかに現場のマネージャーが参加できるか、に懸かっています。現場のマネージャーが「出るように」と言っても、マネージャーが出席していないのに、部下の多くが出席することはありません。マネージャーが出席し、会議で共有する。一緒に出席した社員がいれば、そこでの学び共有する。日々のマネジメントにいかに含めていくかが重要になります。

●たった5分のアンケートの拒否反応を納得させるのは現場マネージャー

定量的に定期的に把握するにはどうすればいいのでしょうか。それは社内の理念浸透度調査を定期的に行うことです。全社員で行う場合もあれば、マネージャーレベルまで行う場合もあります。従業員数が少ない会社の場合、全員で調査を行えばいいのですが、従業員数の多い会社の場合は、判断がわかれるところです。

例えば、最初だけ全従業員への調査で現在地を把握し、2回めはマネージャークラスのみにしておいて、理念の理解度が8割を超えたら、再び全従業員にするということも考えられます。またマネージャークラスでも何百人、何千人といる場合は、さらに階層を絞ってもいいでしょう。先に示したリッカートの連結ピンの考え方です。まずは上から理解、腹落ち、行動を促すのです。

時期も考慮が必要です。毎月調査する企業もあれば、3ヶ月に1回という企業もあります。ここも従業員数によるところが大きいです。

ただ従業員が多くても、毎月調査し、数字の動きを把握した上で、対策を練る企業もあります。調査による現場負担を考慮した上で、できるようであれば、毎月調査を行うほうがPDCAサイクルは早く回ります。現場負担といっても、たいていアンケートは5分以内に終わります。慣れてくれば、たった5分ですが、日々のルーチンが変わる、最初の頃の拒否反応をどう抑えるか。ここも現場マネージャーのコミュニケーションが大切です。

定量で把握できなければ、その後の改善が効きません。調査は定期的に行いましょう。

●アンケートは理念浸透度現在地を把握する重要なツール

図表9はアンケートの項目例です。ポイントは①理念浸透の4段階に照らし合わせて設計します。覚えている↓理解する↓自分の言葉で話す↓実践するの4段階でした。

〔図表９　理念浸透度アンケート例〕

	アンケート項目	回答種別
1	理念を暗証できるか	５段階評価
2	理念を部署内の他のメンバーは暗証できるか	５段階評価
3	理念を正しく理解できているか	５段階評価
4	理念を部署内の他のメンバーは正しく理解できているか	５段階評価
5	理念について他の誰かに話しているか	５段階評価
6	理念について部署内のメンバーは他の誰かに話しているか	５段階評価
7	理念を実践できているか	５段階評価
8	理念を他のメンバーは実践できているか	５段階評価
9	部署内で理念は浸透しているか	５段階評価
10	社内で理念は浸透しているか	５段階評価

②自分と他者の評価を行う。自分がどうかだけでなく、他者にも目を向けることを促すことで、次のような効果を促す意図があります。

１つめは、周囲を評価することで、理念浸透の進捗を体感してもらいます。評価するということは少なからず責任が生まれます。浸透の進捗に関心を持ってもらうことを意図としています。関心が高まっていくことで、浸透スピードを上げていくことができます。

２つめは、自己評価をなるべく適切にする効果です。自己評価だけだと、企業文化によって、自己評価が高すぎる傾向が出たり、逆に低すぎる傾向が出てきます。他者も評価する、という思考を持つことで、自分と比べますので、自己評価が適切になりやすくなります。

このアンケート項目だと5分どころか慣れれば1分で終わるでしょう。応用編としては、「他の人が行った理念に沿った行動を、自分も行ったことがありますか?」（Yes,Noで回答）、と回答してもらい、その具体例を記入するという方法です。具体例が一定出てくると、現在その人がどのように理念を理解しているのか、がわかりますし、複数同じ回答が出てくれば、その人や所属部署の上長にフィードバックして、承認してもらうことで、モチベーションも上がり、さらに行動を強化することもできます。

アンケートは理念浸透度現在地を把握する重要なツール。上手く活かしてPDCAを高速で回しましょう。

8　社内に理念、教育、制度、しくみ、すべてを連動して強い文化をつくる

●所属長のマネジメント力は人によって大きな差があるのが普通

インナー・ブランディングは、すなわち理念浸透を従業員のどのレベルまで浸透できるか、また理念に沿った具体的な行動量をどれだけ増やせるか、という取り組みそのものです。

そのためには、先述した定性、定量の取り組みだけではまだまだ十分とは言えません。定性、定量の取り組みがルーチンになるまで繰り返すことは大切ですが、そもそもの教育、制度にまで落とし込んでいくことで、会社で働くことが、理念浸透になっている状態をつくることが大切です。

自社に所属していること、日々の仕事が、理念浸透になっているという「見えない文化」をつくるということなのです。

これまで所属長と部下のコミュニケーションの重要性を説いてきましたが、それだけでも限界があります。理念をしっかり腹に落として、相手の理解度、実践度に合わせて、自分の言葉で話せる上長であればいいのですが、全員がそうであることは現実的に難しいでしょう。

従業員の理解、実践を一定のレベルで促すには、やはり教育で担保することが必要になってきます。図表10は研修例です。階層別にわけて、理念の意味、背景、作成までのプロセスを説明し、自分たちで考え、他の人たちからの実践アイデアをもらい、それをまた現場で実践する、そんなサイクルを半年に1回行うことで、ヨコのつながりを促し、浸透理解度や実践度のレベルを向上させていけます。

その教育の活躍の中心もまたプロジェクト・メンバーです。例えば最終的にはメンバー自身が研修を担えるようになることが目標になるでしょう。

〔図表10　階層別研修の例（マネージャーの場合）〕

1	理念策定の目的	講師（プロジェクトメンバー）がシェア
2	理念策定の背景	
3	理念策定のプロセス	
4	理念の中で大事なポイント	自己ワーク&グループ共有&全体シェア
5	理念をどのように部下に説明しているか	自己ワーク&グループ共有&全体シェア
6	部下の実践例　模範例	自己ワーク&グループ共有&全体シェア
7	部下の実践例　指導した例	自己ワーク&グループ共有&全体シェア
8	部署内の理念浸透の課題と改善案	自己ワーク&グループ共有&全体シェア
9	次の半年に向けての目標設定	自己ワーク&グループ共有&全体シェア

●どこまで評価制度に組み込むかは、企業文化で決まる

評価制度に理念浸透が組み込まれていることの利点は、それが自然と日々の行動を促しやすいということです。本章２項でも指摘しましたが、マネージャーも日々の面談などのときに、確認する理由ができます。確認する回数が増えれば、必然的に従業員の行動も強化されます。

評価制度にどのように組み込むかは、やはりこれも企業文化によって異なります。半年や１年の評価項目に取り込むという企業や、毎月のＳＮＳの書き込みごとに○円という報奨タイプなどさまざまです。前者は昇給、昇格に関わりますから、オフィシャル感が増します。そのた

め、具体的な項目立てが必要になってきます。例えば、ＳＮＳへの書き込み回数、座談会の出席回数、ＭＶＰ受賞回数、アンケートでのいい事例としての出現回数などが想定されます。

当然、評価ですから、マネージャーの階層が上がるごとにその回数の基準も上げていく必要があるでしょう。また自分が実践できるだけでなく、部署全体としての回数の評価もカウントし、評価していく必要があります。

またこれらの項目を全社でリアルタイムで発表することで、競い合いを促すことができます。ここも全従業員別、部署別、階層別などで発表することで、盛り上がりを演出することができます。プロ野球の打撃成績や投手成績をイメージしてもらえればわかりやすいかもしれません。

毎週、あるいは月ごとに集計して発表することで、次のタームまでの目標設定を促し、部署ごとでの取り組みを促せることになります。当然コミュニケーション量が増えますので、浸透のスピードを上げていくことができます。もちろん、ここまですることに抵抗のある企業もあるでしょうし、細かい集計に人員を割けない企業もあるでしょうから、文化や社内事情によって向き不向きがあることは言うまでもありません。

●制度設計の導入タイミングはどうしても遅くなりがち

評価や教育をどの時点で組み込むかは各企業が頭を悩ませるところです。社内への理念浸透策の実行とともに一気に導入したいと思う企業もあるでしょうが、実際のところ、理念の言語化から数ヶ月で教育、評価制度まで出来上がる企業はほとんどありません。現在の制度との整合性や、変更点なども加味しなければなりませんので、早くても半年はかかるのが通常でしょう。また実行してみても、変更していく必要もあるかもしれません。試験運用→本格運用までは1年以上かかるでしょう。

さらに、制度設計を行う人間の理念浸透の理解度や実際に理念浸透を行っていく中で、解釈の変更をともなうものもあるかもしれません。そう考えると、理念浸透策を半年程度走らせて、その上で、教育評価へ移っていくのが現実的と言えるでしょう。

ただ、それだと遅い、という企業もいるかもしれません。ここは企業文化によるでしょう。その場合は現実的には、理念浸透策を走らせつつ、現状の制度を見直し、同時並行で行っていくしかありません。

その際に、プロジェクトメンバーが制度設計を行う人をフォローするか、あるいは制度設計の責任者が予め、プロジェクトメンバーに入っているか、もしくは会議をいつもオブザーブしていて、プロセスをよくよく理解している必要があります。

このようにして、制度導入までの時間を少しでも短縮することはできます。インナー・ブランディングは「当たり前の文化」をつくることです。制度を活用しない理由はありません。

9　採用ブランディングがインナー・ブランディングの始まり

●理念共感を採用から行うから理念浸透が効率的になる

これまでインナー・ブランディングはあくまで会社内でのブランディングの取り組みのことを指しており、採用領域はインナー・ブランディングに含まれずに議論されてきました。昨今は採用ブランディングはグーグル検索で約１０００万件ヒットするようになり、採用領域におけるブランディングの応用も進んできました。

しかし、前述の通り、本書では採用活動からをインナー・ブランディングと位置づけます。採用ブランディングは理念共感採用であり、あくまで理念が中心です。その上で、採用活動を通じて「強くて、好ましくて、ユニーク」なイメージを応募者の頭の中に形成し、ミスマッチの原因をなるべく減らした状態で入社してもらう。これが採用ブランディングを一言で説明したものになります（深澤，２０１８）。

一方、インナー・ブランディングは従業員への理念浸透を通じて、従業員の行動を通して、お客様を始め、ステークホルダーに自社の「強くて、好ましくて、ユニーク」なイメージを形成するものです。

共通点であり、出発点は理念共感。だとすると、採用ブランディングはインナー・ブランディングの延長線上にあると位置づけることができます。採用ブランディングを行い、理念共感がなされ、ある程度理念を理解した上で、入社すれば、その後の理念浸透はスムーズになります。あとは深めればいいだけです。

しかしこれまでのインナー・ブランディングの議論の場合、いくら社内の理念共感度を高めようと、入社してくる人たちを考慮していないので、理念共感度が低い人たちが入社してきた場合、社内の理念浸透が進んでいれば、より強化な文化がつくられますので、ミスマッチを誘発しやすくなるのです。

●自分たちで採用を難しくしている

インナー・ブランディングから、採用を見ると、理念共感度が低いか、まったくない状態で入社してくると、新人教育に時間がかかります。入社してわかった価値観の違いを、入社後の短時間で埋め合わせることは、ほぼ不可能です。そのため、採用から理念を強く押し出すことで、採用活動の差別化にもつながりますし、入社後の教育時間の短縮につながります。

残念ながら、多くの企業はインナー・ブランディングに着手もしていなければ、採用ブランディングを行っているわけでもありません。つまり理念というキーワードが入社前も、入社後もどこにもないのです。そうなると、企業と従業員を心理的に結びつける要因は「給与、休み、働きやすさ、仕事内容、人間関係」などとなり、ここが合致すれば在籍理由となりますが、前述した通り、そのまま退職理由にもなります。

これらの根底には、その企業の価値観が現れます。なぜそうなっているのかは、理念を深く理解でき、理念が各制度と繋がっていれば、理解しやすくなります。企業と個人の強い結びつきがそこにできるのです。なぜそうなのかを納得できれば、在籍し続ける強い動機になります。

採用は本来、数合わせではありません。人数を満たすことが目的なのではなく、会社の明日の未来を一緒に担う仲間を探すことのはずです。人数を満たすことのみを採用の目的にしてしまうので、ミスマッチによる早期退職が助長されてしまうのです。だからこれは、市場環境の問題なのではなく、企業それぞれの採用活動に問題があるのです。自分たちで採用を難しくし、離職を高めているのです。

採用とインナー・ブランディングは不可分であり、採用から強い会社づくりは始まっています。

●社内向けブランディングと採用ブランディングの連動に注意

インナー・ブランディングとは、従来の社内向けブランディング＋採用ブランディングであ

〔図表11　社内向けブランディング×採用ブランディングの実行による効果と課題〕

	社内向けブランディングに着手している	社内向けブランディングに着手していない
採用ブランディングを行っている	①売上・利益アップ／強固な文化形成	②ミスマッチで退職の危険性／新人の落胆
採用ブランディングを行っていない	③ミスマッチで退職の危険性／強固な文化に拒否反応	④成長の再現性に課題／社内はカオス

る、というのが本書のスタンスです。社内向けのブランディングと採用ブランディングは、理念が根底にあるので、連動させることができます。図表11は社内向けブランディングの着手と採用ブランディングの実行の組み合わせで出てくる効果、課題、危険性を4象限でまとめてみました。

①「社内向けブランディングに着手―採用ブランディングを行っている」の象限では「売上アップ／強固な文化形成」が期待できます。社内向けブランディングは、理念に沿った日々の行動の積み重ねを集積し、望ましい行動を承認し続けることで、それが売上・利益に繋がっていきます。リクルートマネジメントソリューションズ組織行動研究所（2010）をはじめ、国内外で理念浸透と業績の間に、統計的な高い相関関係があることが指摘されています。また、採用ブランディングにおいても、入社時の理念共感と、活躍人材の間には統計的な高い相関関係があることが指摘できます（深澤，2020，2021，2022）。ゆえに①は売上・利益アッ

プの再現性がとても高い状態であるということなのです。

②「社内向けブランディングに着手していない―採用ブランディングを行っている」の象限では、「ミスマッチで退職の危険性／新人の落胆」が予想できます。採用ブランディングで理念共感を強く押し出すも、いざ入社してみたら、自分たちほど共感している社員がいず、浮いてしまう状態です。期待値高く入社するだけに、その落胆は計り知れません。社内をしっかり整えておかないと、せっかく入社してくれた活躍するはずの有望な人たちが退職していってしまいます。

●どちらもやっていない企業は結局非効率

③「社内向けブランディングに着手している―採用ブランディングを行っていない」の象限では、「ミスマッチで退職の危険性／強固な文化に拒否反応」が予想されます。強い文化が形成されているにも関わらず、従来どおりの人数合わせの採用を行っていれば、入社後その強い文化に合わず、退職してしまう危険性が高いのです。だから採用ブランディングで特徴ある強い文化を予め訴求し、応募者にスクリーニングしてもらう機会をつくらなければなりません。採用ブランディングを行うと、母集団が減ってしまう懸念を唱える人もいますが、実際には微減もしくは増加で、母集団の質が上がるという結果が出ています（深澤，２０１８）。ここで

言う質とは、自社とマッチしやすい人材のことです。

④「社内向けブランディングに着手していない－採用ブランディングを行っていない」の象限では、「成長の再現性に課題／社内はカオス」が予想されます。これまでの成長してきたのだから、マーケティングや営業での自社なりの成功法則があるので、再現性に課題があるとは言えないという反論もあるでしょう。しかし、インナー・ブランディングは会社の規模が変わろうとも、中心は理念です。マーケティングや営業のやり方は、会社の規模が大きくなれば変わるでしょうし、市場環境によっても変わります。成功法則の賞味期限は短く、無数にある打ち手から、その都度成功法則をつくっていかなければなりません。

インナー・ブランディングでは、理念に沿って考えるので、打ち手が必然的に決まることが多いのです。考えやすくもなります。そしてこれは実行している企業のみが取れる手であり、そうでない企業には選択できません。競合が急にやろうとしてもできないので、圧倒的な差別化をしていくことができます。

理念から差別化をすることができれば、それは容易に真似できるものではありません。なぜなら文化や価値観に根ざしているため、他社が真似しようにも、定着しないのです。多くの企業が「外からの見た目だけの差別化」を手っ取り早くやろうとしますが、内部から時間をかけて変えていくことが、唯一無二の差別化を生んでいきます。

10　サステナブルを、強みにする

●「事業で社会貢献」の流れを無視しない

ＥＳＧ経営やＳＤＧｓが世界的に広がり、企業はその対応を徐々に行っています。パーパスという概念が広まっているのも、この流れに沿うものであることが大きいと見ています。実際にパーパスを策定する企業も増えてきました。

企業は「何のために存在するのか」を強く問われる時代になったということです。商品を出せば、売れる時代ははるか昔に過ぎ去っているのです。なんとなく存在しているのではなく、存在している理由を自ら定義し、それによって顧客から愛される存在になっていかなければならないということなのです。

実はブランド論はアーカー（１９９１）がブランド・エクイティという概念を発表したときから、この考え方でした。ブランドの中心になる「ブランド・ビジョン」を策定し、顧客とブランドを共創していく。それがブランドづくりの究極の姿なのです。

持続可能な社会をつくりあげるために、企業はより強く社会的責任を問われていくため、自分たちは具体的にどのようにその社会づくりに加担するのかを逆算してつくりあげなければなりません。つまり強みの中に、サステナブルを叶える要素を見つけ出し、なければ今ある技術でつくりだし、新たな強みとして、自社の事業に組み込んでいく必要があります。「持続可能な社会をつくるために、私たちはこうして貢献します」という訴求は、当然、採用の強みにもなります。企業内にあるサステナブルな要素を見える化することで、隠れていた強みに気づけるかもしれません。

●ESGを数値化し、開示する

ＥＳＧ経営やＳＤＧｓが世界的にスタンダードになりつつある中で、企業はどのような項目を考慮すべきなのでしょうか。「非財務情報」としてこれらの数値は金融機関でも評価の対象になりつつあります。

①　環境（Enviroment）分野：気候変動への対応力や循環型社会への貢献力など。これらは自然資本とも言われます。

②　社会（Society）分野：男女や国籍等の多様性や公平性、また従業員の権利保護、賃金の格差問題への対応など。これらの一部は人的資本とも言われます。

③　ガバナンス（Governance）：経営の透明性や公平性、また法令遵守やステークホルダーへの情報開示など。

ＥＳＧは主に上記のような構成になっており、企業評価に用いられるべき情報の中で財務情報以外を網羅しているものになっています。業種や企業規模このような項目はＥＳＧを構成し、企業が考慮すべき要素として世界的な研究が進む中で、導き出されているものです。企業によっては事業的にすべての項目が考慮対象として当てはまらない場合もあると思います。その場合、その項目は無視していただいて構いません。

例えば、コンサルティング事業の場合、水や廃棄物は直接的には関係ないことかもしれません。一方で、外食企業などは、水、廃棄物、エネルギー、環境管理などはとても重要な項目となるでしょう。

これらの項目を数値化し、採用で応募者に伝えている企業が日本でも増えてきています。企業の社会的な貢献を具体的に示すことで、そこに共感し、集まる人たちが増えてきているのです。

●インナー・ブランディングの推進は、必然的にサステナビリティ経営を推進していくこと

これらの項目はさらに細かく細分化され、数値化され、自社の業界の中での「偏差値」が出る仕組みにまで今は発展しています。例えば、「有給の取得率」、「女性従業員比率」、「賃金格差」、「報酬水準」、「社員の働きがい」、「従業員満足度」など、経営において今後無視できない項目を整理し、数値化する動きが加速しています。いわばこれらはサステナビリティ経営や

ＳＤＧｓを推進していく上での企業カルテ。見える化することで、経営を効率化する効果もあります。経営において、どこに力を注げばいいのかもわかりやすくなります。

採用に置き換えれば、まだまだのような企業の取り組みを数値で示すことで、より具体的に、力強く応募者にアピールすることができます。差別化がしにくい採用市場の中で、自社の強みを明確にすることにつながるのです。それは従業員の多様性にもつながり、これまで接点を持つことができなかった属性の人たちを集めることにつながります。

またサステナビリティ経営の文脈では、非財務情報として理念や歴史なども評価対象となります。採用からのインナー・ブランディングを推進していくことは、必然的にサステナビリティ経営を推進していくことにもなるのです。

採用でなぜミスマッチが起きるのかと言うと、圧倒的に情報の非対称性があるからです。企業から開示される情報が少なすぎるのです。企業側が情報を開示することで、ミスマッチは減らすことができます。何年連続黒字というデータも大切ですが、具体的に企業がもたらしている社会的価値を広く開示することが重要な時代になってきています。

●社長が主導するから、できるし、差別化になる。

理念や価値観は、とくに創業経営者の場合、頭の中にあります。創業経営者はパワフルでクリエイティブである場合が多いので、体系的な言語化をすることが苦手ですが、日々の言動や行動に考え方が現れます。会社が大きくなってきて、急成長していると頭で理念を言語化し、ブランディング的なことをすることが大事だとわかっていても、いざ自分が主導するとなると、数字をつくる営業に集中したいので、嫌がる社長もいます。他の取締役に「お前がやれ」と指示する社長もいます。

しかし、社長が自ら採用を含めたインナー・ブランディングへの参加にコミットすることで、考え方がより周囲に浸透され、自分の分身を増やすことにもなります。短期的な売上の伸長率は下がるかもしれませんが、中長期的に見れば、売上は遥かに上がると予想されます。なによりも、理念の言語化、そしてそれを土台にした採用ブランディング、社内浸透に社長の考えが色濃く反映されることで、独自性を持った言葉、文化が形成されていくのです。それはどの会社にも真似できない、唯一無二のものになります。そうすると、自社の理念・価値観に興味を持ち、採用活動での社長の語りかけに共感し、入社してくる人が増えていくのです。大手企業になればなるほど、社長が熱心に採用にコミットする企業は少なく、社長が自社の理念、戦略を熱意を持って語ることは、それだけで差別化になります。恥ずかしいとか、どうせ自分とは一緒に働かないとか、理由をつけて採用現場に出ないのは大きな機会損失。年々難しくなる採用を打開していくために、社長がまず腹をくくって、採用にコミットする決断をしてください。

第3章　インナー・ブランディングを成功させるための採用

1　ザル採用、ザル浸透にしないために、採用から始める

●採用担当はプロジェクト・メンバーに含めたほうが話が早い

ここまでで「インナー・ブランディング」が「社内向けブランディング＋採用ブランディング」で行われればならない理由を何度も指摘してきました。そうでなければ、意味がないほどなのです。

人数合わせの採用のことを私は「ザル採用」と呼んでいます。ミスマッチを誘発しやすく、入社後すぐの退職を誘発しやすいからです。また浸透も採用から考えられていなかったら「ザル浸透」です。なぜなら、これからの未来をつくる仲間を迎える入り口で、理念共感を踏まえられていなかったら、社内向けブランディングのうち、新人教育に異様に労力がかかってしまうのです。

そのため、プロジェクト・メンバーがやはり肝になります。大切な仲間を集める場所が採用ですから、採用担当は積極的に採用活動に協力していただく体制をつくらなければなりません。またプロジェクト・メンバー側からすれば、採用に積極的に関与していく必要があります。

採用側面から見ると、採用担当がプロジェクト・メンバーに入っていれば、話が早いことに

なります。議論した内容が早速、採用活動に活かされていきます。

昨今の採用活動の難しさは、市場環境の原因も大きいのですが、採用担当の孤軍奮闘になっていることも大きな原因です。理念に沿った行動ができて、結果の出ている人を積極的に採用に関わってもらうことができれば、説得力を持って、自社の理念を応募者に強く伝えることができます。

●理念、戦略、現場の実践を社長だけでなく、いろんな人が話せる究極

インナー・ブランディングの文脈で採用を行う場合、気をつけなければならないのが、社長が全部署に「インナー・ブランディングが全社の活動であると同様に、採用にも全面的に協力すること」という号令をかける必要があります。ほとんどの企業にとって、採用はその部署限定の仕事になっています。社長でさえ、採用と経営を切り離して考えてしまっています。

採用担当は配属先の部署からの応援を臨んでいるケースが多いのです。しかし活躍人材を採用に駆り出すと、例えば営業であれば、売上が減ってしまうという懸念を本人や上長から言われるケースが多く、部署を横断して協力してもらうことに躊躇してしまいがちです。ここを決断できるのは、さらに上の視点を持った経営層であり、社長だけなのです。

また第１章―６でも指摘しましたが、採用に社長が自らコミットすることが重要です。自社

の理念や今後の戦略に関して、社長以上に熱く、説得力を持って語れる人はいません。それができる人をプロジェクトで育てていますので、他のメンバーも採用の現場で同様に語ることで、採用力は大きく増します。

社長はじめ、どの階層の人間も、自社の理念や戦略、そしてそれが現場でどのように実行できているのかを語れる。採用活動でこれができる企業はまずありません。だから採用できるようになるのです。この状態を採用でいかに実現するのか、を採用担当は考えればいいことになります。つまり母集団はそこまでいらないのです。理念共感の可能性の高い人を集め、仲間にスカウトする、そういう発想に変えてほしいのです。

2　徹底的に強みで勝負する

●競合や市場を見すぎると、差別化にならない

ブランディングは基本的に、自分たちの強みで勝負するのがセオリーです。競合の分析も必要ですが、競合を意識するあまり、自分たちの持っていない強みで戦うことは、勝てる勝負にはならないからです。競合の動きを意識するということは、同時に市場の動きも意識することになります。答えを市場に求めた結果、どの企業も同じような打ち手になり、差別化がされに

くく、結局知名度の高い企業が勝つからです。

世の中のほとんどのマーケティングはこのような構図になっており、またこれをマーケティングと言っている状況です。小さな会社ほど、今ある強みにフォーカスしないと勝てないのです。今ない強みを考えて、準備できるのは人と金に恵まれた企業です。

採用は応募する側の人生が懸かっていますから、応募の段階から真剣に考えます。どの企業に行けば、自分らしく、楽しく働けるのか。新卒学生も、転職者もそれを求めているのです。ここで前述のように市場に答えを求め、さまざまな調査結果を鵜呑みにそのまま求人広告をつくってしまうと、差別化がされず、自社のイメージはつくられず、知名度のある企業に行ってしまうのです。

採用において悩み、苦しむ企業はほとんどの場合、年間20名までの採用の場合です。究極20名がファンになってくれればいいのです。事業で考えれば、たった20名にファンになってもらえない企業は淘汰されているはずです。訴求する内容がほとんどの企業の場合、間違っているのです。自分たちの強みを信じて、徹底的に強みで勝負してください。

●強みは当たり前の中にこそある

ではどのようにして強みを見つければいいのでしょうか。左記のようにいくつか別角度から考えてみてください。付箋をふんだんにつかって、書き出すこと。そしてプロジェクト・チームメンバーでやってみてください。普段、当たり前のことの中に、たくさん強みが隠れています。

①自分や他の人の志望動機
②自分や他の人が感じた入社してからのいいギャップ
③事業上の強み
④自社の文化や価値観をエピソード

これらをできるかぎりたくさん書き出して、同じ意味のグループに整理するのです。すると、無数の付箋がだんだんとまとまり、多くのグループに分類されます。だいたい10～20くらいのグループになるでしょう。

その中から、「この強みは自社ならではのものだ！」というものを3つだけ選びます。その3つを採用活動のどの場面でもマストで伝えるようにするのです。なぜ3つなのかというと、1つや2つでは他者と同じになってしまう危険性が高く、また3つまでがしっかり伝わる限界だからです。仮に10～20をすべて面接の場で伝えようとしたら、こちらが話している時間が長く、相手の話を聞けません。またそれだけ話せたとしても、結局応募者側からすれば、覚えてもいられません。

強みの3つは、この段階では仮決め程度にして、第3章－5で言及するペルソナが決まったあとで、再び、そのペルソナ像に自社の何を伝えるべきかを考え、本決定にします。ここでもペルソナに合わせすぎると、自社の一番の強みを伝えることになりません。最も得意な領域で勝負できないので、効果が薄れてしまいますし、他者との重複にもなりかねません。議論して慎重に決めてください。

●強みに「サステナブル」を活かす

①～④の中に、あるいは「⑤サステナブル視点での自社の強み」と独立させてもいいのですが、強みの中に、自社のサステナブルな取り組みがないかどうか、ぜひここで検討しましょう。非上場企業でもサステナブルな取り組みがかなり進んでいる例があります。それを強みに活かさない手はありません。前述した通り、環境に影響のある項目の取り組みだけがサステナブル経営というわけではありません。女性活躍や外国人雇用の推進であれば、業種を選びませんし、経営情報の開示に関しても、非上場企業でも積極的に社員を中心に行っている企業もあると思います。

これらの項目が出しにくいということがあるとすれば、自社として「当たり前」になりすぎていて、気づけないことが多いかもしれません。すでに業務フローに組み込まれている可能性も高いので、そうなるとなおさら気づきにくいので、意識して付箋を書いていく必要があるでしょう。

本業での社会貢献意識が年々高まっていることもあり、事業や社内の取り組みの中で、探せば強みになるサステナブル要素はたくさん隠れている可能性があります。

また社内のサステナブル要素は、自社の考え方、価値観の反映であると捉えることができます。それを採用時に知らせることは、入社してからのミスマッチを減らすことにつながります。

逆にサステナブルな取り組みをまったくしていない企業は、ここで考えるいい機会にもなります。今後のサステナブル経営の流れは、必然的に広がっていくと思われますので、自社として何に取り組めるか、これを期に議論しておくことは決して無駄になることではありません。

3　なぜ弱みを整理しなければならないのか

●弱みをそのまま回答すると、ただマイナスイメージだけが残る

採用において、なぜ弱みを整理する必要があるのでしょうか。例えばよくあるこんな場面を想像してみてください。とある応募者（学生でも中途採用への応募でもかまいません）が、面接の終わりにこんな質問をしてきました。

「御社のよくないところ、課題を教えてください」

この質問に対して、みなさんはなんと答えてきたでしょうか？　面接というオフィシャルな場ではなくても、応募者との懇親会の場、カジュアルな面談の場でもかまいません。むしろそのほうがこの手の質問は多いかもしれません。ここで回答する先輩社員に少しもマイナスな気持ちがなく、何気なくこんな回答をしたとします。

「ちょっとお互いに足を引っ張り合う感じになることがあって、それがよくないよね」。

応募者側からすれば、「足を引っ張り合うってどんな感じだろう」とさらに質問が来るかもしれません。回答する側が何気なく回答しても、応募者側からすればマイナスイメージだけ残ります。マイナスイメージはプラスイメージよりも遥かに脳内に残りますから、人によってはそれまでのいいイメージをかき消してしまうかもしれません。

弱みは正直に伝えるべきです。ただし合わせて、フォローする回答を用意しておかないと、ただマイナスイメージだけが増幅してしまうのです。

●事前に準備しておきさえすれば怖くない

弱みは必ず前向きな回答を添えて話しましょう。前述の先輩社員の回答で言えば、「ちょっとお互いに足を引っ張り合う感じになることがあって、それがよくないよね。でもそれも部署ごとにお互いのコミュニケーションを増やすために面談の時間を毎週増やしているんだ。だからもうそれも解消されるんじゃないかな」。というように、現在の対策や会社としてこう考えている、という回答をしっかりつけることで、マイナスイメージを軽減させることができます。むしろ応募者によってはしっかりと対策をしているということで、プラスイメージになるかもしれません。

この弱みの回答は、しっかり事前に準備し、応募者に会う可能性のある人たちで共有しておく必要があります。とくに新卒採用では、多くの先輩社員が実際に1対1で話すことが多いと思います。話しやすい雰囲気をつくればつくるほど、このような質問を投げかけられる回数は増え、準備していなければ、自ら地雷を踏んでしまう可能性を高めることになってしまいます。

弱みの整理は強みほど難しくなく、プロジェクト・チームで自社のよくないところを付箋で書き出します。その付箋を整理すると、多くのグループがまた形成されます。そのグループごとに模範解答をつくるのです。その模範解答を採用に関わる人たちにシェアします。すべて覚えるのは相当しんどいので、2－3個、質問が出てきたときに自分の言葉で回答できるようにしておけばほとんど大丈夫です。

ちょっとした準備で、採用はかなりやりやすくなります。この弱みの整理はその最たる例と言えるでしょう。またブランディングがイメージをつくるものであるからこそ、弱み整理の意味はとても大きいのです。詳細な質問に対して、よくないところを認めつつも、社内の取り組みを含めて回答することで、応募者に丁寧な印象を与えることにもなり、ブランド・イメージの醸成になっていくのです。

4　スキルや能力ではなく、譲れない価値観を明確にする

●どんな考え方の人に入社してほしいかを議論する

第1章－5で、能力で採用することの危険性を書きました。また第1章－10では、いくら優れた能力も自社とカルチャーマッチしていないと発揮されないことを書きました。

つまり、面接で何を判断すべきかというと「この人は何を大切に生きてきたのか」ということです。人は決断のときに価値観が最も現れます。ならば、これまでの人生のときの決断を聞けばいいのです。それが自社の文化・価値観にマッチしていれば、理念共感もしやすいですし、活躍人材になりやすいのです。実際に活躍すればその人も自社にとってもハッピーです。

では、どのようにして、どんな価値観を持っている人を採用すべきかを議論すればいいのでしょうか。それはまずプロジェクト・チームで①「実際に今、活躍している人材の行動や考え方、発言」を付箋に書き出します。その後に②「今は採用できていないけど、本当はこういう考え方の人を採用したい！　という人の行動、考え方、発言」を付箋に書き出します。①②と

もたくさんの付箋が集まると思います。今度はそれらを同じ意味のグループに分類していきます。そのグループに便宜的でいいので、グループ名をつけましょう。

すると例えば、「素直さを大切にする」、「とにかく実行する」、「チャレンジしてみる」、「細やかに気を遣える」、「先回りをする」など、さまざまなグループが形成されていきます。それらの中から、本当に自社に入社してきてほしい人はどんな価値観や行動をする人なのかを議論するのです。この議論をしっかり行っていくことが、ミスマッチを防ぐことになるのです。

●mustを徹底的に議論することが、ミスマッチを防ぐ

形成されたグループの中から、これは絶対に持っていなければ採用しない＝must、あればプラス＝wantとして議論しながら分類してください。このときに注意しなければならないのは、mustが多すぎると採用基準を上げていくことになるので、自分たちで採用難易度を上げていくことにもなります。また、mustが少なすぎると、今度はミスマッチを助長するので、それも避けるべきです。例えばmustを5つ選んだら、5つすべて当てはまらなければ採用しない、ということになりますので、本当に自社に必要な価値観は何なのかを議論し、それをmustにしてください。

mustの目安は、新卒採用で3－5程度、中途採用で5－7程度です。もちろんこの個数が

絶対ではありません。みなさんの会社にとって本当に重要な個数を選んでください。

ここの議論はとても白熱する傾向が強いです。結局、どんな価値観の人を採用するのか、ということを決めることは、自社の価値観は何なのかを考えること。しかもその中でもとても重要で、かつ入社してからはなかなか変化しないもの、という視点が必然的に重要になってきますので、必然的にプロジェクト・メンバー同士の価値観のすり合わせにもなるのです。これが理念浸透にもつながっていきます。

ここまで考えれば、よくある「素直」、「元気」みたいな採用基準が危険であることがわかっていただけると思います。「素直」も「元気」も企業や人によって大きく解釈が異なります。だから面接の際にブレが出てしまい、それがミスマッチにつながります。ここで説明したように、具体的な事例を出して、それをグループに分類し、議論することで、must のニュアンスまで一気にすり合わせができるのです。

5　ペルソナは超理想を描け

●「ふつう」のペルソナをつくってもいいことはない

採用ペルソナという言葉は、いたるところに溢れています。またそのペルソナのつくり方も、かなり多くの記事や書籍での言及が見られます。その論調は、ペルソナは理想高く描きすぎると、非現実すぎるから、ほどほどにせよ、という説明です。しかしその「超理想で描く」ことを私はおすすめしています。

そもそもペルソナは何のために描くのでしょうか。それは、ペルソナを明確にすることで、メッセージを研ぎ澄ますため、です。メッセージが研ぎ澄まされれば、狙った人たちに深く届くようになります。つまり行動を促せる可能性が高まるのです。ターゲティングが曖昧だと、「誰にでもわかるけど、誰にも響かない」メッセージになってしまうので、デザインもよくある感じになり、予算の無駄遣いになります。

メッセージが研ぎ澄まされれば、当然デザインも研ぎ澄まされます。だから注目を浴びて、人が集まってくるのです。このサイクルをつくるために超理想のペルソナがあります。

仮にごくごく平均的なペルソナをつくろうと思うと、ふつうすぎてとてもつくるのが難しいとわかるはずです。また仮に出来上がったとしても、今度は採用活動上で、その人に気づくのが難しいという問題に直面します。「ふつう」ってなんだろう、という迷宮にハマってしまうのです。

また、ペルソナはより具体的であればあるほど効果を発揮します。性別、大学、ゼミ、高校、部活、趣味、住んでいる場所、よく行く場所、家族構成、志望業界、受けている会社などはオーソドックスですが、サークルや好きな食べ物などを追加してもOKです。より具体的であればあるほど、イメージしやすくなります。

●1つでも当てはまれば、すぐ口説く

ペルソナをつくったら、どう利用すればいいのでしょうか。よくある間違いは、設定したその通りの人を採用しようとすることです。採用において、ペルソナをつくるもう1つの重要な目的。それは「早い段階から気づいて口説く」ことです。

まず、超理想のペルソナを設定したときに、「その通りの人」を採用しようとしても、そんな人はいません。そういう使い方ではなく、「1つでも当てはまる項目があったら、すぐに口説く」が正解です。口説く時間が長ければ、入社に近づく可能性が大きくなります。超理想のペルソナを設定することで脳内にアンテナが立ち、早い段階から気づいて、口説きに入れます。もし違うなと思えば、そこで止めればいいだけです。

これがもし「ふつう」もペルソナだったら、ふつうすぎて気づきにくくなってしまいます。また最悪なのは「ふつうのペルソナ」に全部当てはまる人を採用しようとすることです。ペルソナが採用基準化してしまうと、図からより採用しにくくしているようなものです。あくまでペルソナで設定したものはプロフィールなので、違う要素があっていいはずです。

ペルソナをさらに精緻に行うのであれば、Ｗｅｂで画像を検索や雑誌の切り抜きを集めて、イメージを集めるというやり方がおすすめです。顔、体型、趣味、よく行く場所、家族などプロフィールで決めたことを画像で共有することで、さらにイメージのブレがなくなります。言葉だけだと、人によってブレる要素が多く、画像で示すことで、社内での共通認識をさらに深めることができます。より採用活動の現場で気づきやすく、口説きやすくなるのです。

6　採用活動はコンセプトが肝

●コンセプトは採用を効率化する

なぜコンセプトがそれだけ大事なのでしょうか。コンセプトは採用活動を貫く軸です。軸があることで、説明会や面接、面談などのリアルでの接点と、媒体での訴求やホームページ、パンフレット、映像などでのプロモーション部分での応募者との接点で、訴求の一貫性が出しやすくなります。もちろん、この2つの接点で一貫性が出るようにコントロールしなければなりません。

この一貫性の観点が、今のほとんどの企業の採用にはありません。だから、応募者との接点ごとに異なる訴求になってしまい、結果、自社のイメージが応募者の脳内につくられません。

採用の業界は、リクルートから独立していった人が多く、得意不得意が細分化されています。その企業ごとにノウハウがあり、それをそのままやっていたとしても、全体としてコンセプト（＝軸）がないがために、バラバラ訴求になってしまっているのです。ブランドの見地からすると、これでは採用できないのです。

また、現場の採用担当は、応募者の面接のアテンドや社内の面接官との調整などやることが多く、今は採用難で1年中採用をしていますので、採用戦略についても抜本的に見直す時間がありません。どうしても「他社がやって効果があったもの」を手っ取り早くやりたくなるものです。しかしそれで予算がまた無駄になります。たいていは自社でも効果は出ていかないからです。

しかしコンセプトがあれば、そのようなことも防げます。自社の採用コンセプトに沿っていれば、さまざまな採用サービスを利用すればいいですし、沿っていなければ買わなければいい。そんな判断にも使えます。

●コンセプトは採用課題を解消する第一歩

ではどのようにコンセプトをつくればいいのでしょうか。第3章－2で言及したように、まず出てきた強みの中から3つ選びます。そして第3章－5で言及したようにペルソナをつくったら、そのペルソナが「何を重視して就職活動（転職活動）をしているのか」を考えます。つまり、マーケティング用語言うところのインサイトです。

このインサイトもたくさん出てくると思うので、とくに重視していると思われる上位3つを選び、「強みの3要素を、ペルソナに何と伝えるのか」を記述していきます。ここでキャッチコピーのようなかっこいい言葉を頭を捻って考えるのは時間の無駄です。とにかく素直に、強みの3要素をわかりやすく伝えることに注力してください。このときに、強みの3要素をそれぞれ説明する方もいますが、3要素を、1つの文章にしたほうが、文章の難易度は上がりますが、実践的ですし、自らの思考もまとまります。

次に、そのコンセプトの言葉を必ずプロジェクト・チームですり合わせてください。誰かの言葉を土台にして修正しながら、コンセンサスを得ていく方法が早いでしょう。それが完成すれば、採用活動で最も伝えるべきことが決まります。

注意点は、その言葉を一字一句違わずに伝えることが重要ではない、ということです。そこまでの議論を踏まえて、意味を汲んで、なるべく具体例を入れながら、自分の言葉で伝えることです。不安な会社は、プロジェクト・メンバーそれぞれがどう伝えるか発表しあってもいいと思います。すり合わせを行うことで、それぞれが勝手な解釈で話す危険性を減らすことができます。またその入念なすり合わせが、採用活動に一貫性を与えることとなります。このコンセプトを、採用全体の軸とすることで、採用のさまざまな課題が解消する一歩になります。

7　制作物だけで採用課題は解決できない

●パンフレットの効果をバカにしない

「母集団が集まらなくなったので、採用ホームページをつくりかえようと思います」とか、「応募を増やすために映像をつくろうと思います」とか、多くの企業は母集団の原因を制作物に求めます。さまざまな媒体も年を追うほどに効かなくなってきていますし、打ち手がなかなか見つからないのが現状ですから、自社の制作物に原因を求めようとする気持ちもわかります。

しかし、制作物を変えて解消できる採用課題には、制作物ごとに得意不得意があります。これを知っていないと、制作物を変えても思ったような結果が出ません。制作物を自社の「らしさ」がしっかり表現できるように「適切」につくれたとして、解消できる採用課題は図表12の通りです。

採用課題も、挙げればキリがありません。ただ概ね4つのパターンに分類でき、①母集団の課題、②離脱の課題、③質の課題（自社にマッチする人材がいない）、④内定承諾率の課題になります。採用ホームページは①②③に効き、採用パンフレットは②③④、採用映像は②③と

〔図表12　採用課題に対する制作物の得意・不得意〕

採用課題	採用ホームページ	採用パンフレット	採用映像
母集団が集まらない	○	×	×
途中離脱が多い	○	◎	△
内定辞退が多い	○	◎	△
入社後すぐ辞める	○	◎	△
採用媒体にお金をかけすぎ	◎	◎	△
説明会がつまらない	×	×	○
面接官によって通過者の差が大きい	×	×	×
魅力が訴求できていない	◎	◎	◎
内定フォローが甘い	×	×	×
実績ある採用手法をやったけど結果が出ない	×	×	×
人材紹介でお金がかかりすぎている	×	×	×
リファラル採用ができない	○	○	△
採用予算が全体的に多すぎる	◎	◎	◎

◎得意　○使い方次第　△あまり得意ではない　×得意ではない

なります。

しかし採用映像はたいていは使う場所が説明会や採用ホームページでの公開など、限られるので、効果はとても限定的です。もし採用映像を採用課題の解消に効かせたいのであれば、例えば先輩社員のインタビュー動画を、採用ホームページにたくさんアップするなどが必要です。しかしこれは予算がある会社向けです。

最近はパンフレットを制作しない会社も増えましたが、④の課題を解消するのによく効きますし、費用対効果が高いので、制作しない会社が増えてきたからこそ、制作してインパクトや会社理解を促すことをおすすめします。

8　ほとんどの人は知らない、制作物の役割

●ホームページとパンフレットは異なる深さの情報を出す

前項で書いた通り、制作物を変えても、採用の課題をすべて解消することになりません。例えば、よく制作される①採用ホームページ、②採用パンフレット、③映像には次のようなそもその役割があるからです。

①　＝母集団の質を揃える（活用によっては母集団をつくれる）。

②＝内定承諾をアシストする。
③＝会社の雰囲気や魅力をイメージで伝える。

①は通常、何かの媒体からや、イベント、スカウトなど母集団づくりを行う場所からの流入が一般的です。応募者は採用ホームページで「いい会社だな」と思えば、説明会や面接に応募します。そのときに、なるべくミスマッチが減るように、応募者がほしい情報量を適切にコントロールしながら掲載するのが、大切です（例えば先輩社員インタビューは、400文字～500文字など）。ここで自社の考え方に共感してもらえれば、その後の採用フローで入社への動機形成がしやすくなります。

②は最近はオンライン面接・面談も増えましたのでつくる企業が減りました。しかし、ホームページよりも深い情報（例えば、先輩社員の成功体験、失敗体験、その内容、今後の目標を1000～2000文字で記述）を書くことで、応募者が入社してからの活躍像やつまづきを追体験することができるのです。そして志望動機がより深く形成されます。その思考が自社への志望度を上げ、ミスマッチを軽減しながら、内定承諾に繋がりやすくなるのです。

●採用スローガンは専門家に任せる

採用の成功は制作物だけでなんとかなるものではなく、制作物の特性を活かしながら、採用活動全体として推進すべきものです。あたかも制作物が万能かのように過度な期待を寄せてしまうと、残念な結果になりかねません。

第３章－６で言及したように、コンセプトをつくったら、それを採用活動全体で貫くべきと書きましたが、それは制作物でも同じです。しかし、そのままの文章の状態では、一要素として制作物に取り入れることはできても、インパクトを持って、自社のことを伝えることにはなりません。その文章を採用スローガンとして、短く魅力的にコピーライティングすることで、それがデザインにも反映され、ペルソナに近い人たちにより強く訴求がなされます。

ただし、このコピーライティングは、非常に難易度が高く、どんなコピーライターでもできるわけではありません。自社のこれまでの議論を理解し、その上でできたコンセプト（の文章）を、短い言葉で書き表すのは、並大抵ではできないのです。まして素人がやったとしても、まったく響かないライティングになってしまいます。コンセプトまでは方向性が合っていても、最後のアウトプットで間違うと残念です。

これらコピーライティングやデザインの世界は、専門外の人にはよくわからない領域です。コピーライティングやデザインにどれだけ納得の行く説明があったとしても、最終的には信じるしかありませんので、制作会社はよく吟味されることをおすすめします。単に安いだけで選んでしてしまうと、効果もなく、せっかくの予算を無駄に使用してしまうことになります。

9　圧倒的差別化を生む採用フロー

●採用スローガンに忠実に組み立てる

採用フローのつくりかたは、コンセプトないしは採用スローガンに忠実に組み立てることです。それを行うことで、採用活動に一貫性が必然的に生まれ、採用フロー自体の独自性が生まれます。

やってはいけないのは、例えば新卒採用で言えば、媒体での募集↓説明会↓1次面接↓2次面接↓最終面接と、どこの企業でも行っている判で押したような採用フローです。自社の「らしさ」が出ず、他の企業と「何が違うのか」が応募者にはわかりません。こうなると、知名度の高い企業が常に有利です。

ではどうすればいいのでしょうか。例えば、外食、ホテル、不動産などさまざまな業種のグループ会社を持つ企業では、採用スローガンを「社長で生きろ」としました。これは会社をたくさんつくり、従業員をどんどん社長にして、人材を育てるという考え方に基づいています。その企業は社長経験者が数十人といたことで、「選べる社長面接」という採用フローを考案。説明会でその社長たちと触れ合える場をつくり、1次面接の面接官を社長経験者から選べることにしたのです。

社長は高度に主体性が必要です。自分で面接官を選び、面接でそこまでの準備を見ることで、自社が考える主体性があるのかどうかのマッチングを行おうとしたのです。この採用フローはニュースに取り上げられるまでになり、社長になりたい覚悟のある人たちが多数集まりました。

もちろんこの採用フローを行うためには、日程調整などの手間が通常よりも余計にかかります。しかし、その手間を惜しまなかったことで、自社にマッチする人材を採用することができたのです。

●採用担当ひとりで抱えない。抱えさせない

採用フローに関して、前述のように、採用スローガンに忠実に組み立てることで、独自性が出ていき、そのフローに応募者が乗ることで、自社の価値観が自然と伝わっていく。そんな採用フローが理想です。しかし一方で、これまでの採用フローとは違い、やることのタスクは増えていきます。絶対に不可能な手間だったら、それは実行できないので、辞めたほうがいいですが、頑張ればできる手間だったら、実行することで、いいことしかありません。

つまり採用スローガンに忠実で、かつ頑張ればできる採用フローを構築する。そんな絶妙なさじ加減が必要になります。その際に、採用担当だけがやるとなると、採用フローの考案や実

行におのずと限界が出てきます。プロジェクト・メンバーで採用フローの役割分担をすべきです。

例えば、説明会への参加、面接官や面接と面接の間のフォローアップ、内定出しのあとのフォローアップなど、できる限り細かく役割分担を行うのです。プロジェクト・メンバーはこれまで議論してきていますから、背景をよく理解しています。安心して任せられるのです。こうすれば採用担当のタスクは極力減らすことができます。新卒採用のほうがフローが長期化するので、中途採用は新卒を軸にフロー内容を減らしていけばいいのです。

就職活動の早期化で、早くに内定を出す企業が増え、内定フォローの重要性が高まっています。インターンから選考にいい流れをつくれたのに、フォローが十分でなかったので、内定承諾を断られた、ということがよく起きます。行き当たりばったりを止め、採用フローをしっかりつくり、実行しましょう。

10　採用して教育を始めない。教育は母集団形成から始まっている

●「集めて選ぶ」を止めると、採用は好転する

ここで言及してきた採用のやり方は、ここ最近で広がってきた採用ブランディングの考え方です。「採用ブランディングは理念共感採用である」（深澤，2018）という定義からすると、

母集団形成の段階から、教育が始まっていると捉えるべきです。そのように捉え、採用フローを採用スローガンに忠実に設計する必要があります。

例えば母集団形成は、媒体、イベント、人材紹介などで形成されるのが主で、そのそれぞれに、自社の理念や価値観を原稿や話す内容に織り込んでいくことが大切になってきます。採用ホームページは母集団形成の段階から応募者は見ますので、そこで理念や価値観を全面に押し出した記述やデザインを施すことで、ミスマッチを減らす効果があります。

人が集まらないからと言って、ホームページで広いターゲットに訴求しようと思って、広いターゲットに間口を広げた表現をすればするほど、曖昧な表現になり、差別化にならず、ミスマッチを助長してしまうのです。

例えば「やりがいのある会社」というのをホームページのトップに掲げていたとします。この言葉は、当然誰にでも理解できます。会社としてもやりがいを持てる会社であることを訴求したいのでしょう。しかし、やりがいは多くの企業が訴求しますし、これだけでは他社との違いがよくわかりません。だから、より掘り下げて「やりがい」をもっと他の、具体的で、端的な言葉にする必要があります。それがこの企業「らしさ」です。それが見つけられて訴求できれば、この企業にマッチした人材を集めることにつながるのです。この「誰にでも理解できるけど、誰にも響かない」という表現を極力避けることが重要になります。

応募者自ら「この会社で働きたい！」と思ってもらうためには、ターゲティング（ペルソナ）を精緻にしていくことで、刺さる表現が生まれるのです。逆に「この企業はちょっと違う」というのも気づいてもらえるので、あとあとミスマッチになり、せっかく採用してもすぐに退職するということも防ぐことができます。

ただし、採用スローガンはコピーライティングだけでなく、デザインに落とし込むにも、技が必要です。これもまた誰にでもできることではありません。制作会社やデザイナーの実績を見ながら、自社の「らしさ」をしっかりと反映できる人にお願いするべきです。

母集団形成から、理念教育が始まっている、という発想は採用ブランディングならではの考え方です。「集めて選ぶ」という従来型の採用とは１８０度異なるもの。勇気を持って取り組んでいただきたいのです。

●「教育して口説く」という採用のあり方に発想を変える

つまり、「教育して口説く」という形にガラッと発想もやり方も変わります。母集団形成↓説明会↓面接（数回）↓内定フォローという大きな流れを採用スローガンに忠実に変え、内定フォローまでの間に、理念教育が一旦完了した状態をつくることが理想です。新卒採用は、フローが丁寧なので、教育に適しています。

書籍の副題にもなっている「まず教育」というのは、ここの考え方から来ています。採用して、入社後に教育ではなく、教育しながら採用し、そしてまた入社前～入社後に再び教育する、というサンドイッチ構造がミスマッチを減らす方法です。

理念教育をしっかり行っている企業は入社後、内定後が多く、そこで初めて理念に触れるという人もいます。理念教育が始まって、面食らわないためにも、採用フローを通して徐々に深められる採用フローの設計を目指してください。

中途採用は、多くの企業が面接１回で終了し、しかも現場の責任者が行う場合が多いでしょう。いたずらにさまざまな関門を設けることで、応募者のめんどくささを助長し、選考離脱になってしまいます。しかし、だからといって、面接時にただ漠然と面接をしているだけでは、教育になりません。短い時間、短いフローの中で、自社の考え方をどこで伝えるのか、を設計すべきです。例えば、面接の前に共通の会社案内の時間を取る、自社の考え方や具体例を提示し、ここに共感してもらえるかどうか。また現場見学や先輩社員と少し触れ合ってもらうなど、１，２回のチャンスで効率よく中途採用の場合は行う必要があります。

採用に苦戦する企業は、新卒・中途合わせて年間10～20名の採用人数が多いのです。人さえいれば、もっと会社は伸びるはずなのに、知名度がない。だから採用ができない。そのスパイラルを抜け出すのが「教育して口説く」採用フローです。

●自社にマッチしやすい母集団はどうつくるのか？

「採用して教育する」ではなく、「教育して採用する」という考え方で採用活動を行うとすれば、入社から逆算して採用活動を考えると、究極、自社の考え方にマッチしやすい人材はどこにいるのか？　ということを考えなければなりません。つまり母集団をやみくもにつくっては、採用活動上での「教育」は手間がかかりすぎてしまいます。

そのとき思い出していただきたいのは、第3章―5で言及した「ペルソナ」設定です。この人に出会える場所はどこなのかを徹底的に考えることで、接点が浮かび上がってきます。

さらに自社の採用目標人数も関係してきます。目標人数が少なければ、手数をかけて自社側から見つけ出す採用をできますが、目標人数１００名など、多い場合は、より効率的な方法を考えなければなりません。前者であれば、例えば、自社の新卒採用人数が年間10名程度であれば、「逆求人サイトで見つける」や「体育会系イベントに参画する」などが候補に挙がるでしょう。後者であれば、ナビサイトでの訴求やナビサイトでの参画企画など広告出稿や内容の見直し、さらには採用ホームページでの打ち出し方（企画、コピーライティング、デザイン）を採用スローガンに沿って変更することで、自社にマッチした人が集まるように母集団の質を変えていく必要があります。一般的に、母集団の質を変えるのは容易ではありません。しかし、採用ブランディングの考え方の沿って行えば、可能なのです。

第4章　売れ続ける組織をつくるインナー・ブランディングによる効果

1　戦略づくりと組織づくりの一石二鳥

●文化・価値観に立脚するから、実行できる

第2章、第3章でインナー・ブランディングのプロジェクトの流れについて書きました。ここではその効果について、考察していきます。

インナー・ブランディングの取り組みは、経営そのものです。社内外に影響を与えていきます。B to B分野の企業では、広告宣伝費がほとんどない分、インナー・ブランディングこそが、ブランディングそのものになります。

プロジェクトメンバーを集め、インナー・ブランディングについて議論していくことは、会社の戦略をつくることと一緒です。理念、戦略、現場の一貫性の重要性については、多くの書物で指摘されていますが、それをつくるための計画がインナー・ブランディングのプロジェクトです。戦略をコンサルティング会社に外注すると、とんでもない金額がかかりますが、それだけ戦略は重要であり、企業の未来を左右するのです。ただし、実行すれば、の話です。大抵は市場環境からの分析で「ここに行くべき」と提案されますが、「それができるならはじめからやっているよ」というものが多いのです。

どんな素晴らしい戦略も実行しなければ絵に描いた餅。では実行しやすくするにはどうすればいいのか。それは自社の文化や価値観に沿った戦略をつくることです。従業員が動きやすく、無理がありません。強みに立脚した戦略づくりと実行こそ、ブランディングそのものなのです。

●人を育てるプロジェクト

プロジェクト・チームで行うことは、時間もかかりますし、日程調整などがめんどくさく、手間がかかります。しかし、それでも推奨するのは、前記の実行できる戦略づくりができること、そして実行できる組織づくりができることです。まさに一石二鳥です。

自社にとって、戦略づくりとは、とても重要なもの。プロジェクト・チームにとってもそれが重大な任務となります。やり甲斐も抜群です。そこで議論し、戦略をつくっていくことは、彼ら自身を大きく成長させることにもなります。そして現場で理念や戦略の浸透のアンバサダー役となって、背中で見せながらも、従業員への浸透を担ってもらえるようになります。

ブランディングのプロジェクトが始まると、プロジェクト・メンバーの現場でのパフォーマンスが上がるという報告は、ほぼ毎回のプロジェクト後のヒアリングで聞かれることです。

戦略をコンサルティング会社に外注すると、とてもお金がかかります。一方、社員教育としての研修も同様です。また研修は「仮にあなたは自動車部品工場の工場長です」みたいなところから始まって、考え、議論する「バーチャル」環境であることも多く、その場では有益でも、現場に戻っての実務に活かされにくかったりもします。

その点、インナー・ブランディングのプロジェクトは、戦略づくりという「本番」環境を通して、それがメンバーの特別教育にもなる。そして実行されやすい戦略がつくられやすくなる。あとは進捗を追いかけながら、ＰＤＣＡを回していくことに集中すればいいのです。

2　ここにいるべき人だけが残る

●毛嫌い、抵抗、最悪退職。それでもやる意味がある

インナー・ブランディングの取り組みを実行していくと、居心地の悪くなる人たちが出てきます。文化や価値観をより一層強める活動になりますので、毛嫌い、抵抗などが相次ぎます。最悪退職も相次ぐでしょう。しかし、それは組織における一種のハレーション。これまで、いかに文化や価値観でミスマッチな人を採用してきたのかの裏返しです。「人材難のこの世の中でもったいない」と思われる方もいるかもしれませんが、長い目で見れば、これは必ずプラスに働きます。

採用で理念共感して内定承諾し、入社前にかなり自社の理念や価値観を学び入社してきて、

インナー・ブランディングを毛嫌い、抵抗している上司や先輩がいたとします。新人にその上司や先輩が「別に理念共感なんかしていない」、「お前そんなこと信じているのか？」など、吹き込んだら、いきなりミスマッチです。人は悪いイメージに引っ張られやすいので、悪影響でしかないのです。

「入社時の理念共感は、活躍人材になりやすい」というのは、弊社で過去に３度、母集団を変えて調査していますが、いずれも統計的な相関関係が指摘できました。せっかく活躍人材予備軍を採用しても、入社して上司や先輩にあることないこと吹き込まれたのでは、プロジェクトは進みません。

逆に考えれば、インナー・ブランディングを推進すると、社内でのスクリーニングが進み、理念や文化・価値観に共感している人が残る結果となります。彼らのこれまで以上の潜在能力を引き出し、生産性も上げていくことができます。

●コミュニケーションが浸透を促す

「入社時の理念共感が活躍人材になりやすい」という結果を前述しましたが、「現在理念共感している人」の「自身の生産性」、「チームの生産性」、「活躍イメージ」に関しても、私たちの２０２１年のインターネット調査（Ｎ＝５００）で統計的相関と因果関係が高い数値で出ています。つまり、理念共感することで、自分の生産性が上がり、チームの生産性もあがるのです。それは自身の活躍のみならず、チーム全体の活躍につながるということです。

だとしたら、どうしても理念に共感できないという人を除いては、やはりまずはコミュニケーションの頻度を増やすことで解決していくのが得策でしょう。粘り強く上司やプロジェクト・メンバーが話す中で、ものすごい抵抗を示していた人が、いつの間にか熱狂的な自社のファンになり、いいパフォーマンスを上げている。そんなこともありえます。話す中で、何が抵抗の原因になっていたのかがわかる場合もありますし、話していくと実は抵抗を示していたことはそれほど重要ではなかったということもあります。つまりコミュニケーション量が単に不足していただけという状態です。

インナー・ブランディングはプロジェクト・メンバーがまずは1つのチームになることが重要ですが、そこから1人ひとりが、どれだけ社内に「仲間」をつくれるかが大事です。しくみで、理念浸透の流れを整えることも重要ですが、しくみとしくみの間にある、メンバーの動き、コミュニケーションこそが、確実にインナー・ブランディングを促進します。

つまりプロジェクト・メンバーには、影響力のある人を選ぶことが第一で、言うなればそれは今の活躍人材かもしれません。そして未来の幹部になる人たちです。プロジェクト・チームから社内への理念浸透の動きが人材確保と売上のアップを実現するのです。

3　教育とマネジメントがしやすくなる

●理念教育は日常になったインナー・ブランディングが担う

今回定義した採用からのインナー・ブランディングでは、理念教育を採用活動の段階から行うという考え方です。理念や価値観に納得し、共感し入社してきます。ともすれば、ブランド論では最上位とされている「共鳴」という段階（ケラー，２００１）にまで到達した人たちが仲間になってくれます。すると、これまで理念教育を行っていた企業ではその時間をなくすことができるか、もしくは減らすことができ、他の教育の時間に当てることができます。例えば、より実践的なスキルを磨く時間をとることで、より仕事への興味を早く、深く喚起でき、活躍までの時間を短くすることができます。

インナー・ブランディングの実行が日常化すれば、業務をしている時間そのものがすでに理念浸透になっています。そうなれば、理念教育は定期的に、例えば半年に1回など、これまでやってきたルーチンを一度立ち止まって考える機会をつくればいいでしょう。グループでシェアし合うことを部内で、あるいは部を横断して階層ごとに行うことで、より一層、理念浸透は進みます。

インナー・ブランディングを深めれば深めるほど、従業員へのスキル教育やマネジメント教育などに時間が割け、専門性も高まり、従業員満足度も高まります。そうすると、現場でのパフォーマンスが高まり、やがて周囲からの評価も高まりますので、「今ここにいる理由」も高まります。つまり辞める理由がなくなっていくのです。カルチャーマッチを土台に、教育で視点や視座を広げ、専門性を深めることができれば、本人のやり甲斐が高まります。ドミノのような好連鎖。これがインナー・ブランディングの狙いなのです。

●「それ、やる意味あるんですか？」という反抗的な質問

仮に理念共感で採用せず、従来どおりの採用手法で、そこそこ人数が採用できたとします。すると現場や研修で「なんでこんなことしないといけないんですか？　なんか意味あるんですか？」みたいな質問が反抗的な態度で出ます。おそらく採用や教育の現場で長くやられている方であれば、研修の現場で何度かそういう場面に遭遇したことはあるでしょう。もちろんやる意図はあるわけですから、それを説明されると思います。

軋轢を生むのは現場で右記のような態度での質問が出た場合です。当然、上司や先輩は面白くありません。ここでインナー・ブランディングが進んでいる場合は、冷静に対処し、意図を説明できるでしょう。しかし、問題になるのは、それほどインナー・ブランディングが進んで

いない場合です。「これは、昔からこうすることに決まっているんだから、やれ」みたいな説明になりがちです。こういうことが続き、本人の納得を生めなければ、最悪退職につながり、軋轢が大きくなればパワハラの訴えを受けてしまうかもしれません。

だからこそ、採用から理念教育を行い文化・価値観を早い段階で共有しつつ、社内はインナー・ブランディングの実行で文化・価値観を強化していく。これが周り道のようで、でも確実で、早い強い会社のつくりかたなのです。

第2章－9でも言及していますが、理念共感が業績を上げる、というのはこれまで国内外で数々の調査が行われ、統計的相関が得られています。ただし、成功パターンには数々の事例があり、それぞれが正解です。数々の研究から、再現性が出やすいやり方がインナー・ブランディングなのです。

4　採用で差別化できる。採用力が上がる。採用単価が落ちる

●採用を博打にしているようには、採用はできない

採用ブランディング（＝理念共感を中心にして行う採用活動）を行うことで、採用力が短期間に、圧倒的に上がります（深澤，２０１８）。採用ブランディングには第３章で示したよう

に手順があり、正しく行うことで再現性が高まります。また、自社の採用力が徐々に上がっていきますので、2年目、3年目と重ねるごとに採用効果も上がっていきます。

理念共感というと、インナー・ブランディング同様に遠回りの印象を持ちがちです。手っ取り早い打ち手を見つけたくなりますが、仮にそれが当たっても、別の打ち手が当たるとも限らず、また翌年以降の再現性もわかりません。採用がもはや博打化しています。多くの企業がこれに乗ってしまっているのです。例えば、偏差値レベルで言うと、六大学以上の学生が集まるイベントがあるとします。今年はそこである程度集客できました。しかし翌年になり、今度は学生があまり集まらず、イベント自体が中止や回数削減、また他の企画のイベントになったりもします。そこで集客の中心にしていた企業にとっては母集団形成の練り直しです。

理念共感を中心に置くと、初年度こそ母集団形成は慎重に行うべきですが、翌年度からリファラルが効きやすくなります。採用人数の数名でもリファラルで採用できると、採用単価は劇的に落とせます。これは新卒採用だけの話ではありません。中途でも同じです。そして中途のほうが圧倒的に採用しにくいので、リファラルの重要性（ありがたみ）はより高まります。リファラル採用は、多くの企業が取り組もうしても、なかなか難易度が高くできない場合が多いのですが、採用ブランディングならそれも可能です。そして、自社の採用の再現性を高める本質的なやり方なのです。

●採用単価は必然で落とせる

採用の再現性が高くなるとは、採用市場における差別化が効くということです。理念とは、その企業の完全なオリジナルです。仮に同じ「顧客満足」という理念があったとしても、A社とB社では意味が違います。両社とも理念浸透という面では言語化に大きな問題はありますが、いずれにしても違うのです。だから、その意味を深掘りし、採用活動の中心に置くことで、他社が言えないこと、自社しか言えないことを堂々と、伝えられます。ただ、そこに共感する人を採用していけばいいのです。

差別化が効くということは、いわゆる給与や休みなどの面で比べられて負けるという次元ではなくなります。もちろんそれはどこまで行っても発生はするのですが、そういう人はこなくていいと割り切れます。なぜなら、給与や休みが理由で入社する人は、同じ理由で別の会社にまた行ってしまうからです。だから本質的な採用方法ではありません。

あくまで自社調べでの比較になりますが、採用単価を計算すると、企業が採用ブランディングを実施したタイミングにもよりますが、翌年の採用結果から劇的に採用単価が落ちます。投資額によっては採用単価が上がる場合もありますが、翌々年からは一気に落ちます。今、採用単価を落とせる企業などほとんどありません。それほどの突破力が、採用ブランディングにはあるのです。

母集団、内定数、入社数がわかれば、採用の投資対効果は簡単にシミュレーションできます。採用ブランディングは取り組む企業次第で予想以上の効果が出ますが、しかしシミュレーションで厳しく見積もったとしても、翌年か翌々年以降には採用単価は落とせるのです。

5　採用がマーケティングの場になる

●理念に沿って考えれば、採用も営業も同じチャンス

B to C企業にとって、採用は絶好の売上拡大の機会です。しかもファンを醸成するチャンスです。採用ブランディングはイコール理念共感採用という言い方をしましたが、それがさらに言い方を変えれば、採用市場におけるファンづくりなのです。しかしなぜか多くのB to C系企業はこれをやりません。それは採用と営業（マーケティング）を経営者がわけて考えてしまっているからです。

採用ブランディングでは、採用スローガンに忠実に採用フローを組み立てることで独自性が生まれることを、第3章―9で示しました。この考え方を応用し、フローを組み立てると、とくにB to C企業にとっては絶好の機会になります。

例えば、過去ニュースにもなりましたが、カゴメは毎年エントリーした学生全員に自社商品を送っています。もう十数年前から行っている取り組みだそうですが、5年前ほどから話題になり、ネットニュースでは、何度も取り上げられています。カゴメは理念にある「感謝」からの行動であると発表していますが、まずそこが素晴らしいですし、だからこそ、誰もが知る企業になれたのでしょう。自社の商品を、もれなく学生に送付することで、サンプリングの機会になっています。また選考が進む学生にとっては、カゴメ商品の研究になります。そして、ニュースに取り上げられ、口コミが発生していることで、カゴメのブランド力はまた上がるのです。とてもいい好循環を生み出しています。

まさに、採用と営業（マーケティング）を分けず、経営の機会を最大限利用した好例でしょう。

●マーケティング目的を先行させてはいけない

ではB to B企業の場合はどうでしょうか。B to B企業の場合、どう上手くやろうとも、採用活動がB to C企業ほどすぐ売上にはつながりません。しかし、応募している時点で、自社に縁がなくとも、同業種や取引先企業に入社する可能性が高いと言えます。採用活動を通してファンになった人たちから、数年後、仕事の依頼が来る可能性があるのです。B to Bの場合は、頻度は低いかもしれませんが、単価が高いので、大きなリターン（ご褒美）となります。

インナー・ブランディングが推進されておらず、縦割りの意識の強い企業だと、BtoBでこのようなことを起こすのはほぼ不可能でしょう。従来どおりの「数合わせ」の採用を行っている以上は、いくら1人ひとりに採用担当が誠実に対応していても、それが将来の売上につながる確率は、採用ブランディングを行って起こせる確率よりもはるかに低いでしょう。

また、一度他社には行ってみたが、どうしても忘れられず、中途採用で自社に再びチャレンジしてくる、ということもあります。

何かの理由があって、当時はご縁がなかったわけですが、それでも再度応募があるのであれば、お互いの縁がつながることもあろうかと思います。この採用難の時代に、再びの応募があること自体、貴重で奇跡的なことです。

間違ってはいけないのは、採用がマーケティングの場ありきになってしまわないこと。マーケティングの場として活用することは大いに可能ですが、営業色が強く出てしまうと、採用はおろか、ファンを増やすことにはつながりません。理念を伝え、理念に共感した人を探す過程でファンが増え、その人たちに、商品やサービスの背景にあるストーリーを伝えていくことで、ファン度はより高まっていくこととなります。

採用は自社の商品やサービスを詳細に知ってもらういいチャンスでもあるのです。採用フローに応用することで、マーケティングにつながるのです。

6　理念で集まる組織づくり

●採用は「内定数／母集団」の割合が理念共感のポイント

採用ブランディングを続けていると、いつの間にか、理念共感の輪が広がり、年を追うごとに、その輪が濃くなっていくのが実感できます。自社にマッチする人材の割合が高くなっていきます。採用において上がる効果は2点あります。

1つは、母集団数における内定数の割合が上がるということです。ここをKPI設定し、毎年上げていけるようにしていきましょう。もちろんただ上げるだけでは簡単ですし、意味がありません。このKPIの意味は、母集団数において、どのくらい自社にマッチした人材がいたか？　という割合です。母集団数にもよりますが、だいたい毎年1％ずつ上げていくだけでも、かなり採用が楽になることがわかるはずです。ここを無理なく上げられていれば、採用ブランディングは順調ということになります。

もう1つは、言わずと知れた内定承諾数です。採用フローの集大成です。いわばKGI。承諾数が上がれば、採用は格段に楽になります。採用フローの中で、どれだけ共感を高めてもらえたかがカギになります。ここは毎年10～20％上げることを目標にしてください。ただし

100%にはそうなりませんので、上限は80～85%で設定するといいでしょう。

従来の採用のやり方で、前記のような数値目標を達成することは想像がつかない困難さをイメージされるかもしれません。しかし、理念共感を軸にすれば、差別化ができあがり、前記の数値はさほど厳しい目標設定ではないことがわかっていただけるはずです。

●フリーランス活用は時代の流れ

現在、日本のフリーランスがどんどん増えています。ランサーズによれば、2021年10月現在で、その人口は約1577万人。経済規模は約23・8兆円です。調査開始の2015年と比較すると、約640万人増加し、経済規模も約9・2兆円増加してます。2021年1月を境にフリーランス人口が大幅に増加し、コロナ禍で市場が一気に拡大しました。

日本の雇用の歴史は大きく言えば、終身雇用から転職することが珍しい時代ではなくなり、今はフリーランスが一気に増えている流れです。これまで雇用形態も正社員、契約社員、派遣社員、アルバイト／パートという選択肢の中に、フリーランスが登場してきました。この流れを考えれば、今後の労働人口減少もあいまって、採用難はさらに進むという構造が見えてきます。

企業は自社から卒業するフリーランスや市場にいるフリーランスまで含めて組織をつくって

いかないと、成長できなくなるのです。ではどのようにして人を集めるのか。フリーランスは、そのスタンスでちゃんと食べていけるかどうかは別にして、どの企業と仕事をするのかを選ぶことができます。その選択肢として、企業が与えられる、最も差別化できる要因が理念です。それは他の雇用形態でも一緒です。

企業側から見て、フリーランスの活用は、うまくできれば人件費の抑制につながります。しかしそれだけでは、組織が回っていかなくなります。雇用関係で縛るのではなく、理念を中心に集まる仲間で組織をつくる。そうであれば、他の雇用形態の人たちにも好影響になります。フリーランスの波がすぐに来ない業界も含めて、準備が必要なことは確かです。

●フリーランスまで含めた理念中心の組織をつくろう

こうした雇用関係の変化を考えると、インナー・ブランディングは早く行うことに越したことはないのです。インナー・ブランディングが組織にもたらす効果は図表13です。未来の組織予想図は、フリーランスまで含めた理念中心の組織です。フリーランスがぜひ仕事をしたいと集まるそういう企業にどんどんなっていきます。とくにインナー・ブランディングをしている企業は少ないので、今なら効果がさらにあるでしょう。

あとは自社のこだわりの問題です。直接雇用でないとダメな理由はなんなのか。フリーラン

〔図表13　組織の未来予想図～企業は理念のもとに集まるコミュニティーになる〕

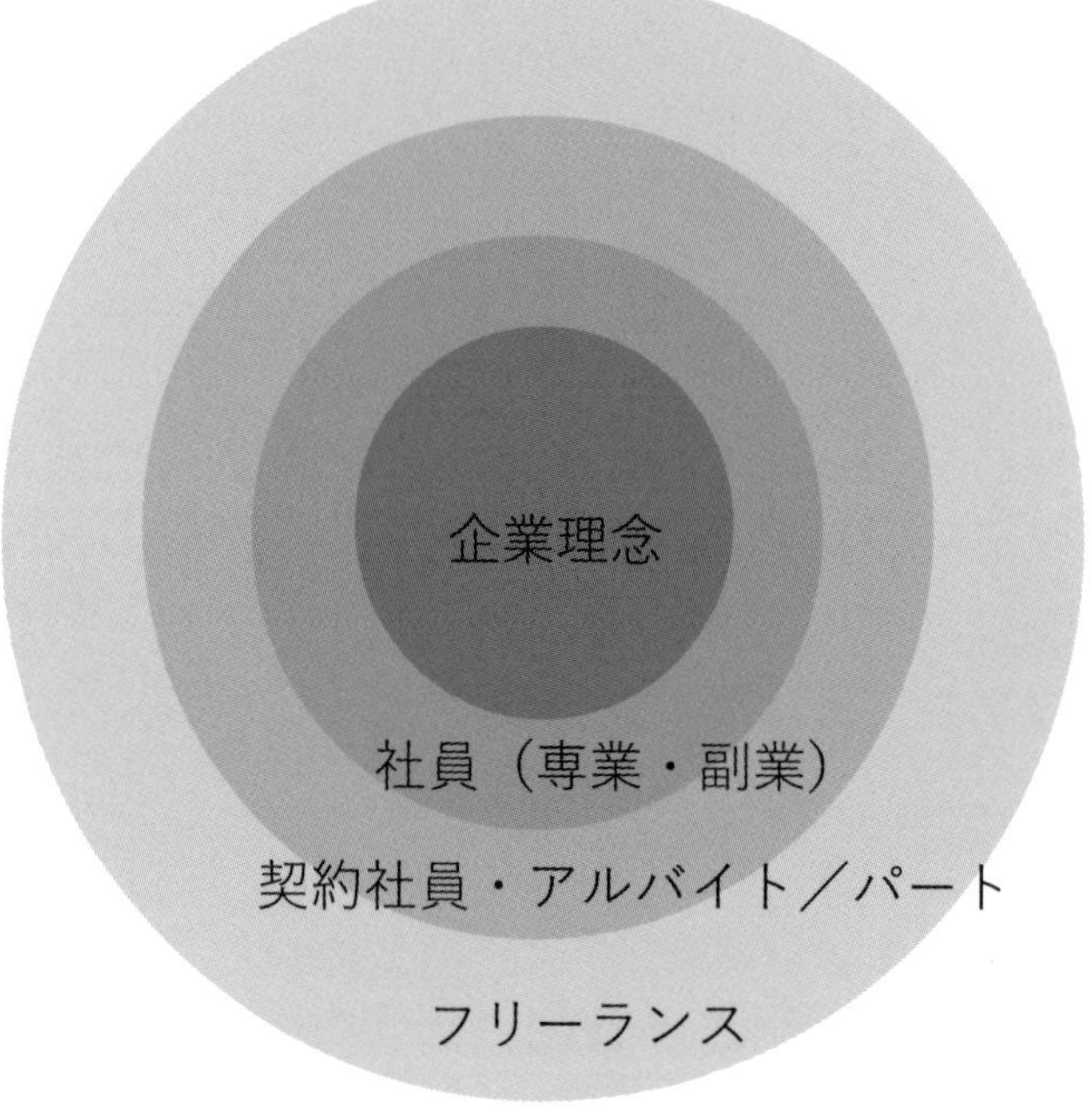

スとどんな契約を交わせば大丈夫なのか。上場している企業であれば、正社員でも雇用契約書をしっかり交わすと思いますが、小さな企業だと曖昧なまま仕事が進みますので、フリーランスでしっかり契約書を交わすと、昨今よく言われるジョブ型で採用しているのと変わらない状態であることも多いのです。

企業側が行わなければいけないのは、直接雇用でないといけない仕事は何なのか。その中でも正社員、契約社員、派遣社員では何が異なるのか。そしてフリーランスにはどこまで権限を与えるのか。それらを整理し、彼らを採用して「仲間」にしていく。そうした準備が必要になってきます。

お金でフリーランスを募集すれば、人口が増加していることを考えれば容易に集められるでしょう。しかし、当然お金で去りますし、雇用契約がないので安定した労働力になりません。いつかフリーランス人口も頭打ちになれば、今の採用と一緒で結局お金の競争での取り合いなります。これは今から予想できる未来です。そうしたとき、いきなりインナー・ブランディングを行っても、そう簡単に採用することはできないのです。着実に進めていた会社だけが、この変化にも対応できるのです。

7　抜群の投資対効果

●昨年度の利益で投資し、翌年度の損益計算書で反映される

インナー・ブランディングに限らず、ブランディングを行ってどんな投資対効果があるのかを気にする経営者が多いのも事実です。多くの企業は効果がわかりにくいので、やりにくい、と思っているはずです。私たちのようなブランディングの提供会社も、難しいと思っていまし

た。だから投資対効果を求められると、出せないと思っている人も多かったはずです。それに比べて、Ｗｅｂ広告はすべて数字で出てきますので、一気に広告宣伝費の王者となりました。

しかし、ブランディングの投資対効果の計算も単純化すれば、実はそれほど難しくありません。図表14を見てください。事例で説明します。

図表14は架空の企業の数字です。２０２２年度の①売上が10億円、③経常利益が1億円とします。仮に売上を毎年10％ずつ上げていく目標設定にします。経常利益は毎年１％ずつ上げていく目標設定です。⑤は税引後利益です。税率は23・２％に設定しています。すると、２０２２年度の⑤は７６８０万円。毎年⑤の50％をブランディングに投資する、と決定していたとして、２０２３年度は３８４０万円投資します。２０２４年度の①が12・1億円、③が約1・45億円だとすると、２０２２年度からの売上の伸びは2・1億円、経常利益の伸びは４５２０万円となります。この伸びた数字を投資額で割り算すれば、２０２２年度から２０２４年度の売上の投資対効果（２０２３年度に３８４０万円投資）が５４７％、経常利益は同様に１１８％となります。

毎年売上10％アップ、経常利益率1％アップの目標設定で、これだけの投資対効果が出るのです。もちろんインナー・ブランディングの取り組みを強化・継続することで、さらに高い目標を目指すことも可能となります。

〔図表14　ブランディングの投資対効果〕

	2022年度	2023年度	2024年度	2025年度	2026年度
①売上	¥ 1,000,000,000	¥ 1,100,000,000	¥ 1,210,000,000	¥ 1,331,000,000	¥ 1,464,100,000
②売上増加率（前年比）	0%	110%	110%	110%	110%
③経常利益	¥ 100,000,000	¥ 121,000,000	¥ 145,200,000	¥ 173,030,000	¥ 204,974,000
④経常利益率	10%	11%	12%	13%	14%
⑤税引後利益（税率23.2%）	¥ 76,800,000	¥ 92,928,000	¥ 111,513,600	¥ 132,887,040	¥ 157,420,032
⑥投資（ブランディング）		¥ 38,400,000	¥ 46,464,000	¥ 55,756,800	¥ 66,443,520
⑦投資対効果（投資/売上の伸び）			547%	497%	456%
⑧投資対効果（投資/経常利益の伸び）			118%	112%	107%

2022年度に出た利益を2023年度に投資し、2024年度に結果が出ると考えて、2022年度→2024年度で投資対効果を計る。次年度以降同様。

●投資対効果は出る。どこまで費用対効果を上げられるかは自分たち次第

売上が毎年5%ずつアップ、経常利益が2022年度が5%で、毎年1%ずつアップ目標でも、2022年度→2024年度の売上に対する投資対効果（2023年度に1920万円投資）は534%、経常利益で同様に142%となります。売上の5%や10%アップ、利益の1%アップ程度でも十分、投資対効果があります。

もちろん、ブランディングだけが企業の投資対象ではないですし、ブランディング以外の要素で売上につながる要素がたくさんありますので、単純に計算できるものではないという反論もあるでしょう。しかし、ブランディングが経営そのものであると仮定すれば、またインナー・ブランディングで全社的に取り組みを行っていくのだと決意すれば、このような計算は理にかなっているということがわかるはずです。

もちろん、この計算通りに投資の翌年度の損益計算書に反映されるかどうかは、企業の取り組み次第です。取り組みのスピードが上がれば、月次の損益計算書で反映されます。小さな会社ほど、反映のスピードも早いでしょう。

しかし逆に言えば、このようにして、投資の翌年度の損益計算書には、インナー・ブランディングでの、売上と経常利益の数値目標を立てるべきなのです。年度の初めから取り組めば、2年間時間があります。さまざまな打ち手ができますし、どんな大きな企業でもインナー・ブラ

ンディングを軌道に乗せることができます。採用なら投資の翌年には素晴らしい結果が出ているでしょう。

ブランディングとは経営そのものですから、前記の設定よりも上ブレすれば、投資対効果はもっと高まります。自分たち次第でいかようにもなるのです。

もう少し掘り下げれば、経営者がどこまで力を入れてインナー・ブランディングを自社に活用するのか、ということ。その決断と実行を協力に推進していく決意を幹部に示す必要があります。それこそが、自社の未来を決めていきます。

8　売上を上げ続けるしくみができる

●イノベーションをどう起こすかはインナー・ブランディングとは別

前項で書いたように、売上や経常利益における最初の目標が達成できた頃には、十分インナー・ブランディングは軌道に乗っているはずです。あとはＰＤＣＡサイクルを回していけばいいことになります。強固な文化、強固な採用体制が整っているので、ひたすら強く強くしていけば、現状の延長線上の成長はできるイメージが強くなります。

さて、これ以上売上、利益を上げていくにはどうするか。成長曲線を急にするには目標設定を高くして、そのためにはどうするのかを考えなくてはいけません。

また現在の技術を使って、何かに応用し、新製品・新サービスを開発し、販売するというのもあります。

さらに、M&Aという打ち手もあるでしょう。また全く別の業種に参入するということもあります。

いずれにしても、これらはインナー・ブランディングではなく、別のところでの経営判断になります。インナー・ブランディングは現在ある状態を強固、盤石にし、このままいけば、ひたすら成長が約束された状態をつくることです。

経営としては、固まってから次に行くのでは遅すぎます。インナー・ブランディングに集中しながら、それが順調に行くのを横目に、次の一手を打つ必要があるからです。

新たな手を打ったあとは、またそれを踏まえたインナー・ブランディングが必要になります。新たな手は新たな人やモノが必要になります。インナー・ブランディングに終わりはないのです。

つまりそこには、採用の観点が重要になります。組織にイノベーションを起こすには、新たな風を組織に吹き込む必要があります。そのために「ほしい人材像」を明らかにしている必要があるのです。採用からのインナー・ブランディングはこうして循環していくのです。

第5章　インナー・ブランディングの取り組み事例

1　事例1　株式会社ギフト

●理念、社名、スローガン、ロゴ、美しいくらいの整合性

株式会社ギフトホールディングスは家系ラーメンの「町田商店」を中心に展開。直営で100店舗以上を有し、9つのブランドを運営しています。ニューヨークはじめ、アジアでも出店し、世界展開を加速させています。

従業員数はアルバイト・パートを含め3000人以上。現在は約200億円の売上となり、東証プライム上場企業です。ギフトの躍進を支えたのは、ラーメンづくりを製造業化したこと。麺、たれ、スープの開発に力を入れ、自社工場で製造できるようにしながら品質や流通を平準化し、それらを提供する一方で、運営をFC的に任せるプロデュース店を開拓し、発展してきました。

一方、今でも生ガラから店舗でつくるやりかたも直営店では継続。本社は創業以来、町田でしたが、来春には渋谷に移転することが決まっています。

ブランディングを始めたのは2013年。年商10億円、直営店で10店舗程度の頃でした。行列はできるけど、採用がなかなかうまくいかず、採用できても1日で辞めてしまったり、幹部

が当たり前と思っていることが、現場で動く人たちではそうでなかったり、人材が育たず出店戦略に影響が出始めた頃です。

理念を言語化し、ビジョン、ミッション、バリュー、クレドまで整備。社名も株式会社町田商店から、ギフトへ変更。ビジョン「シアワセを自分から」になぞらえています。

企業スローガンは「家系を、世界への贈り物に」。これに基づいて、採用戦略も組み立てていきました。理念、社名、スローガンと、整合性があります。ロゴも世界展開を見据え、和の雰囲気にラーメン丼と湯気、ＧＩＦＴのＧをモチーフにしてつくられています。

●教育や昇格試験で、理念を覚えなければならない状況をつくる

理念をつくって終わらなかったのが、これまでのギフトの躍進の要因です。専務取締役の藤井誠二氏も「全社的な理念の徹底は自分の役割だと思っています」と、話しています。まず新卒、中途、アルバイト（キャスト）入社でも、理念研修を必ず初めに行います。過去には社長が既存社員に自ら行い、今はアルバイト（キャスト）の場合、店長が行えるしくみにしています。

さらに理念ができてからずっと行っているのが、理念投稿。社内ＳＮＳで毎日2投稿ずつローテーションで担当になっている店長以上の役職者が投稿。バリューやクレドに紐づけ、自身の

考えや行動、その結果どんなことがあったのかを書き込みます。この投稿は全従業員が見られるようになっており、「毎日見ている人の現場パフォーマンスは高い傾向にある」と藤井氏は話します。

理念を評価には組み込んでいないのがギフト流。理念は全従業員が当たり前に実行できるようにしなければならず、数字で測りにくいので、ラーメンの味のように追求していくもの、というのがギフトの考え。毎日の暗唱は当初は急速な浸透のために行っていたものの、「覚えればいい」と目的化してしまいがちな従業員がいたことから、今は行っておりません。しかし店長以上の昇格試験には、理念を書かなければならず、必然的に覚えなければいけない状況をつくっています。

また現在では間接部門の人材も増えているため、現場経験のない人もかなり増えてきていることから、必ず現場で体験してもらい、バリューやクレドを体感してもらえるようにしています。

●売上は理念が決まる前の17倍。営業利益率14・4%の高収益

さらにギフトが徹底したのが人材の配置。役職者には理念を語れる人を配置しています。能力がいくら高くても、理念に反する言動や行動を繰り返す場合は、役職者にしていません。こ

れまでの会社の成長の過程で、専門的な能力が高いからと、役職者にしていたこともありましたが、コミュニケーションをとり、双方納得しての退職もあったと言います。「部長が理念について語れないと、課長も、従業員も語れず、結果、理念が浸透しなくなる。理念を語れる人を増やさないと組織が成長しなくなる」と藤井氏は話します。

まさに論語と算盤。売上アップと理念浸透を同時に叶えてきたギフト。「なぜ売上が上がっているの？　と言われれば、それは理念を徹底できたからと答えています。売上が上がっている今が、理念浸透を進めるチャンスです」と藤井氏は言い切ります。

採用では、理念をつくる以前は数千万円を投下しても、満足に採用できなかったのですが、ブランディングを行った翌年から一気に採用できるようになり、有名企業を辞退してギフトに入社する学生が出るほど魅力をしっかりと訴求できるようになりました。今では大卒で50名以上を常時採用することができるようになり、藤井氏は「これまでの成長は間違いなく、自社にマッチした人材を採用できるようになったから」と言います。

２０２２年10月期のギフトホールディングスの売上は約１７０億円。理念をつくる前の17倍です。営業利益は約24億円。実に営業利益率14・４％の高収益となっています。ギフトが行ってきたことはまさにインナー・ブランディングの徹底。従業員への理念浸透が成長を実現させています。

〔図表16　ギフトの理念体系（ビジョン、ミッション、バリュー）〕

Vision

シアワセを、自分から。

Mission

元気と笑顔と□で、シアワセを届ける。

極上品質

いつもうまい！と言って頂ける味を
提供するために、品質を追求します。

迅速提供

熱い物は熱く、冷たい物は冷たく、
お客さまに迅速に商品を提供します。

日々清潔

いつもキレイで、気持ちのいい空間で
お客さまをお迎えします。

気配細部

お客さまとの距離感を大切に、
細やかな気遣いを感じられる店内をつくります。

笑顔活気

お客さまと目を合わせ、全力の笑顔と
活気で感動を贈ります。

常連厚遇

「自分の大切な常連店」と思ってもらえるよう、
顔と好みを覚えることはもちろん、
距離の近い接客で心も体も温めます。

職人追求

プロ職人として、一つの工程も手を抜かず、
最高のパフォーマンスを発揮し続けます。

超絶空間

私たちは7つのバリューを体現する事で、
お客様を魅了する超絶空間を生み出します。

精進研鑽

私たちは常に自分を磨き、
また会いたくなる人を目指します。

https://www.gift-group.co.jp/vision/

2　事例2　株式会社大庄「庄や」

●「庄や」の原点を取り戻すためのプロジェクト

庄やは2023年で50周年を迎えるブランド。株式会社大庄の展開する30を超えるブランドの中でも一番の店舗数を誇り、創業以来の中核を成しています。長く続いてきた「庄や」のリブランディング・プロジェクトが始まったのは2018年。その頃、庄やは数多くある居酒屋チェーンとの競争で「誰に何を売るべきなのか」を見失いかけている状態でした。店長は「他のチェーンよりも高い」とお客様に言われてしまい、やみくもな安売り、家族も、ビジネスパーソンも、カップルもと、前方位を狙った料理、クーポンなど、各店舗でバラバラな施策が目立っていました。結果、店長以下店舗スタッフも「何を売りにしてよいのかわからない」状態となっていました。

「庄や」の原点を取り戻すべく、社長が陣頭指揮を取り、20名を超えるリブランディング・プロジェクトメンバーが結集。「誰に何を売るべきなのか」から始まり、「あるべき店舗の雰囲気は?」、「力を入れるべきメニューは?」、「メニュー表はどうあるべきなのか?」など1年近くを費やして議論。会社としての理念を土台に、庄やブランドに関わる人たちが実行すべき「ビジョン、ミッション、バリュー」を言語化。「板前がいる町の酒場」をブランド・スローガンとして訴求していくことを決めました。同時に店舗評価にも落とし込み、浸透のスピードアップも図っていきました。

また、毎月全スタッフにビジョン浸透調査を行い、数字で浸透度を把握。プロジェクト・メンバーで課題点を討議し、店長や調理長に粘り強いコミュニケーションを続けていきました。

●やり切ることが、好循環を生む

毎月各店の取り組みを社内SNSに書き込み、プロジェクト・メンバーで投票し、上位10店舗を優秀店舗として選出。毎月優秀店舗の店長もしくは調理長が出席しての座談会を行い、記事化し、全店舗に共有を行いました。どのバリューに沿って、どんな意図で行ったのか、そして結果はどうだったのかを共有。優秀店舗の取り組みを真似することを推奨し、回を追うごとに取り組み内容のレベルアップがなされました。店舗に浸透したのは、天然鮮魚、煮込み、串料理の取り組み。刺し身を押し出す店舗が増え、美しい盛り付けとともに、LINEで友達になってくれたみなさんへの訴求が数多く見られました。

コロナ禍になっても、ビジョン、ミッション、バリューの取り組みは継続されました。飲食店におけるリブランディングとはすなわち働く人のマインドや行動が変わっていくこと。まさにインナー・ブランディングそのものです。愚直な取り組みは、ＳＮＳへの「さすが板前がいる町の酒場」という書き込みにも見られるようになりました。「地元に昔からあって、〝帰ってきたくなる〟お気に入りの居酒屋」であり続ける、ということが店長や調理長の取り組みの徹底につながり、当初課題に感じていたことは解消されていきました。

同時に仕入の強化なども進め、味も格段に上がりました。メニューにおいても、板前の腕が活かされるランナップに変えていきました。写真がふんだんに使用されたチェーン居酒屋然としたメニュー表も「庄や」らしさをテーマにリニューアル。内装の改装も徐々に進め、「庄や」らしさをさらに徹底しています。

以上の取り組みにより、リピート客が増加し、やみくもな安売りやクーポンなどのばらまきも減少し、「庄や」ブランドの体質は劇的に変化を遂げました。

●徹底した理念浸透が土台。

これらの取り組みの土台となったのは、会社全体での理念追求の姿勢です。企業理念である「我が社の事業は人類の健康と心の豊かさに奉仕いたします。我々は隣人を愛し、社会を愛し、会社を愛し、あくなき人々の幸せを追求いたします」や経営理念である「利他の心」、「三方よし」や「志の五省」、「衛生の五省」と言われるそれぞれ五か条の条文は、階層別研修や評価に結びついており、全社員がこれら理念体系を暗唱できる状態になっています。

「徹底して理念を理解し、行動に活かす」ということが受け継がれてきた考え方。よって理念の理解度は、人事評価制度でも非常に重要な要素になっています。

創業以来、「儲けること」よりも、まずは「人のため」を追求することが重視されてきました。通常、外食産業はアルコール飲料で利益を出すことがセオリーですが、大庄では「人類の健康」を掲げているので、人の手による安全・安心でおいしい「料理」に創業以来こだわり続けているのです。

以前より和食の文化や技術の継承を目的に、全店舗の料理人が参加する「調理甲子園」を開催しており、技術の向上に努めてきました。外食はセントラルキッチンの活用など、効率化がテーマになりがちですが、「プロの技によるうまい料理」へのこだわりを貫いてきました。

「庄や」のビジョン、ミッション、バリューの浸透は、土台となる理念浸透の賜物がありました。

「庄やは他のチェーンよりも高い」と愚痴をこぼす店長や料理長はもはやいません。

「何を売るべきなのか」、「誰に向けて商売をするのか」が明確になり、自分たちの強みである「料理」や「居心地のよさ」で自信を持って勝負できるようになり、今後は積極的な店舗展開を予定できるまでになりました。

〔図表17　志の五省、衛生の五省〕

志（し）の五省（ごしょう）

一、私達は喜んでお客様の為に尽くします。
一、私達は喜んで近隣の人のために尽くします。
一、私達は喜んで従業員のために尽くします。
一、私達は喜んで家族のために尽くします。
一、私達は喜んで受け取り方を上手に致します。

衛生の五省

一、私達は喜んで「衛生の三原則」を遵守致します。
一、私達は喜んで「検便検査」に参加致します。
一、私達は喜んで「クリーン・チェック」を実施致します。
一、私達は喜んで「手指洗浄」を実行致します。
一、私達は喜んで「店舗掃除」を徹底致します。

3　事例3　株式会社ユーニック・株式会社トーセン

●会社の成長戦略を描く上で必ず必要なブランディング

株式会社ユーニックは、大阪が本社の会社です。1階の窓や玄関から搬入できない家具や家電をトラックに装備されたクレーンで2・3階の窓から安全に搬入するために吊り上げる作業を、業界用語で「ユニック作業」と言うのですが、それが社名の発祥です。ユニック作業や手吊りなどの特殊な搬入を得意としており、自社のユニック作業車にキリンの模様が大きく描いてあります。

株式会社トーセンは、引越会社やマンション管理会社などから家庭用エアコン、業務用エアコンの設置を主に手掛けています。本社は埼玉県川口市。2社とも同じ経営陣が運営しており、関西がユーニック、関東がトーセンと棲み分けて事業を行っています。設立は２０１０年。2社合わせて全国7箇所に拠点を持ち、従業員は約50人です。

両社を率いている会長の小川純治氏は、ブランディングを会社ができて３年目のときから計画していたと言います。「今後、会社の成長を一気に進めるタイミングで必ず必要なもの」としてその導入の機会を伺っていました。２０２２年3月からプロジェクトがスタート。10名のプロジェクトメンバーを選出しました。改めて、言語化されてはいなかったけど、確かに文化としてはあった理念（ビジョン、ミッション、バリュー）を言語化するところからスタート。その後、ユーニック＆トーセンとしての戦略と、社内外に広げていくための戦術（計画）をメンバーを中心に議論し、完成させていきました。

●売上10％アップ、中途採用１００名問い合わせ、10名以上採用

２０２２年秋からは、社内への理念浸透を行うフェーズに入りました。まずは全従業員を集めての理念発表会。メンバーも１人ひとりが自分の言葉でプロジェクトの意義を語りました。そして、マニュアルの改定、日報の改定、朝礼の見直しなど、細かい点を１つずつ見直していきました。３ケ月に１回は全従業員への理念浸透調査を行い、どこまで浸透できたのかをチェックし、ＰＤＣＡを回しています。また日報では従業員が毎日、バリューに沿ってどんな行動を行い、どんな結果を得たのか、を記述して、事例を貯めています。それらをプロジェクト・メンバーが毎月吟味し、ＭＶＰ候補者を選出。推薦理由を発表したあと、議論して毎月４－５名のＭＶＰを決定しています。彼らはプロジェクト・メンバーも参加する座談会に出席し、自身が行った背景、意図、工夫などを発表。ＭＶＰ同士での事例共有を行い、各部署に社内のトップ事例を持ち帰っています。座談会は記事化。全社員に配布を行っています。

浸透が始まって数ヶ月後、早くも変化が訪れました。プロジェクト・メンバーや小川会長が議論していた言葉がＭＶＰ受賞者から座談会で出るようになり、早くも浸透を実感することになります。また売上も早くも10％以上上がっており、特にプロジェクト・メンバーが自信を持って自社について話せるようになったことで、追加提案での受注が増えています。さらに中途採用では、問い合わせが１００名以上で、10名以上を採用できるようになりました。プロジェクト後、明らかに採用力まで上昇したのです。

4　事例4　日本テレネット株式会社

●自社の「見えない資産」を「見える化」し、進化させる

日本テレネットは京都に本社を構え、東京と札幌にも拠点を持っています。従業員数はグループ全体で３６６名（２０２３年7月1日現在）。現在は社内外のコミュニケーションツールの開発・販売とコールセンター業務を行う会社ですが、１９８５年の創業時は、当時としてはかなり先進的なパソコン通信を利用したゲーム・コンテンツ開発の会社でした。そこからネットワーク通信の強みを活かし、徐々に事業を進化させてきました。創業者が熱く抱いていたのは、「共生」の想い。その想いは今も受け継がれ、単純に売上や利益のみを追求していくのではなく、どこまでステークホルダーに貢献できたかを重視しています。

ステークホルダーを、株主、顧客、スタッフ、地域社会、パートナー、地球環境、と、6つに規定。「安定した力強い経営」を維持しながら、「人・社会・地球にやさしいサステイナブル経営」を目指し、持続可能な社会づくりにどこまでお役立ちできるかに挑戦しています。そこで重視しているのは、非財務の捉え方。2020年頃から、近年、金融機関でも重視されている自社内の非財務指標を数値化することで、自社の「見えない資産」を「見える化」してきました。こうすることで、自社の「ホスピタリティ」や「お客様のお困り事を傾聴する力」などの見えない強みを、具体的に進化させることができます。

2022年には経営ビジョンとして「『Happiness』に貢献できる存在でありたい。～SDGsへの理解・実践×ダイバーシティを認める企業風土を目指して」を掲げ、広く社外への発信も始めています。社内では、先述した6つのステークホルダーに対してそれぞれ「こうしていこう」という共通の認識をつくり、浸透させています。

●トップの積極的な取り組みが、社内を変える

日本テレネットでは共通認識の土台にある考え方を「志本主義」と呼び、単に作業として仕事を行うのではなく、自ら「求めるパーパス」に少しでも近づくことを促しているのです。実

践できるスタッフが少しずつ増えた結果、スタッフ発の大幅なコスト削減案や新規サービスの立案、CSR活動への取り組みにつながり、ポジティブな最適投資を考えられるようになりました。また、これまで実績重視の経験者採用が当たり前だった社内から「新卒採用」の声が上がり、2023年4月からは新卒採用への意欲的な取り組みが始まりました。社内から自然と「育てよう」という機運が高まり、事業計画にも取り入れることに。「社内にサステナブル経営が浸透してきた証拠」と会長兼社長の瀧麻由香氏は喜びます。背景には、トップ自らの地道な継続がありました。

月初の朝礼では、瀧麻由香氏が全スタッフに対して、中期グループビジョン、今期の方針を繰り返し語りかけています。さらに社内SNSでは定期的に直接発信。自身の体験や考えたことなどを、サステナブルの観点で記事化することを心がけています。こうした社内での取り組みは社員の雰囲気を明るく変化させました。些細なことでも「ありがとう」という言葉が交わされるようになり、休憩室をリニューアルした際、瀧麻由香氏は多くのスタッフから直接感謝の声をもらったと言います。「会社や私の考えを積極的に発信することで、賛同してくれる人たちが集まることが大事。発信しないのにわかってくれないというのは経営者の怠慢ですから」。サステナブル経営は、日本テレネットの歴史を踏まえているだけでなく、瀧麻由香氏の経営哲学そのものでもあったのです。

第6章　インナー・ブランディングの成功ポイント&失敗ポイント

1　何のためにインナー・ブランディングを行うのか常に確認する

●なぜやるのか。会社の意義から、自分の意義を定義する

何のためにインナー・ブランディングに着手し、プロジェクトを行うのか。目的をいつも明確にしておく必要があります。戦略・戦術をつくるプロジェクトも、インナー・ブランディングの実行も、日常の仕事のプラスアルファになるものなので、誰にとってもめんどくさいものです。会社として、なぜ着手するのかを文章にし、全従業員に一度はしっかりと社長自ら説明を行ってください。インナー・ブランディングの実行スピードに大きく関わってきます。

もちろん1回説明しただけではダメです。すぐに忘れられてしまいます。社長が話したことを、社内報などで掲示し、継続的に発信してください。社長は折に触れて、インナー・ブランディングをなぜやっているのかに触れてください。

また、プロジェクトメンバーは会社の大きなプロジェクトに選ばれ、参加する存在です。それぞれが個人的な目的意識を持っていることが望ましいと考えます。1人ひとりが、なぜ参加するのか。自分のキャリアにとってどんな意義にするのか。これをまずプロジェクトの冒頭で確認しあってもいいでしょう。

インナー・ブランディングの実行段階では、会社としての取り組みの目的を確認し、1人ひとりがなぜこれに取り組むのか､その目的や意義を考え､言語化し部内でシェアすることを行ってください。これだけでインナー・ブランディングの実行はかなりスムーズに進みます。

●どんな企業にも起こり得る取り組みの形骸化

一番ダメなのは「会社がやれと言ったからやっている」という人が大多数を占めてしまうことです。そもそもなんでこれやっているんだっけ？　という状態は、インナー・ブランディングの実行段階では避けたい状態です。

また上司もなぜやっているのかがわからず、自分なりの理由をつけて話すや、「上からの指示なんだから頼むよ」というような言い方をしてしまうと､「毎週のクレド（行動指針）に沿った（めんどくさい）書き込みをなぜやらないといけないのか（仕事が忙しいのに）」。という従業員がたくさん出始めます。すると、クレド（行動指針）に沿った書き込みはなされず、インナー・ブランディングの実行が止まってしまうか、強制的にやらせているけど、まったく浸透していない、という状態になってしまいます。

とにかく取り組んでみたけど、いつの間にか誰もやってない、という状態はどんな企業にも起こり得ます。インナー・ブランディングは毎日の取り組みの習慣化を通して、理念浸透を行い、会社の強い文化・価値観をつくる取り組みですから、習慣化しなければ意味がないのです。

しかし、このような悲惨な状態は、原因があります。社長がしっかり幹部に話をしていない。幹部も真面目に聞いていない。部課長も、よくわからず、とりあえず伝えるけど、従業員もいきなり降って湧いたような話だと思っている。こうした似たようなことは多くの企業で起こります。

コミュニケーションは、取りすぎてダメであることはありません。会社として、部署内で、丁寧な導入こそが、スムーズな実行を呼び、スピードを上げていきます。

2　社長が必ずコミットする

●社長は先頭に立ち、常に背中を見せる存在で

では、なぜ前項で紹介した取り組みの形骸化が起こってしまう一番の原因は何なのでしょうか。それは社長のコミットが薄いからです。

社長がやることを決断したままではいいのですが、その後の対応をすべて役員や社員に丸投げしてしまうとこういうことが起きやすくなります。社長がプロジェクト・メンバーに自ら入っている場合は起こる確率は低くなりますので安心ですが、社長がメンバーに入っていない場合

には注意です。プロジェクト・リーダー側も社長を担ぎ出さなければいけないですし、社長も自らプロジェクト・リーダーやプロジェクトメンバーに積極的に声がけをしてください。

社長が単に丸投げをしてしまうと、「どうしてもやるんだ！」という強い意志も、会社として大きく重要なプロジェクトである意味も、従業員には伝わりません。社長が一番、社長がプロジェクトを決断した背景や、これが今後、会社にとってどのような未来をつくっていくのか、その姿を語ることができます。もちろんこれを他のプロジェクト・メンバーが話せることも重要です。そうあるべきです。しかし、社長よりも熱を込めて話せる人はいないのです。一番社内にインパクトあるメッセージを伝えられるのは社長なのです。

インナー・ブランディングとは経営そのもの。社長が先頭に立ち、率先垂範することで、スピードは早まっていきます。社長が傍観者になると、瞬く間に従業員の大多数が傍観者になります。社長は常に背中を見せる存在であってください。

●社長は従業員と対面して話そう

社長のコミットは、知らずのうちにすべての部署を同じ方向に向けることにもなります。またできれば、それぞれの部署を社長がまわり、インナー・ブランディングの取り組みについて、自ら話をしてください。会議の場だと、従業員が固くなって話せなくなってしまうこともありますから、ランチミーティングなどと称して行ってもいいかも知れません。現場の意見を直接聞くことにもなりますし、インナー・ブランディングの取り組み以外に、経営のヒントになることがたくさん拾えます。

この際、社長はきわめて話しやすい雰囲気を醸し出し、自ら話を振り、従業員が話しやすいようにしてあげてください。もともと社長と従業員の垣根が低い会社は問題ないのですが、大抵は自ら従業員は話始めません。せっかくの時間がただランチを食べているだけ、隣の人と世間話をしているだけでは意味がありません。話すことや、会話を回すことが苦手な社長であれば、予め、他の人が場を回す役割を担っておきましょう。

社長は必ず1人ひとりの社員の目を見て、コメントしてあげてください。社長のコメントひとつが、社長が思っている以上に、従業員の力になります。それだけ一言に影響力があると思ってください。

社長が全部署を回って、従業員と車座になってインナー・ブランディングについて話すことは、地道な活動ですが、とても重要です。普段は来ない社長と話ができるということで、期待も高まりますし、なによりも社長自身が思っている以上に士気が上がります。

よほどのことがない限り、ネガティブな指摘は影響力が大きすぎるので止め、部署内全体の温度を上げるように努めてください。気になった意見は、部署の責任者にあとで話せばいいのです。

3　社内における優先順位を第1位にする

●社長が全部署に号令をかける

社内での優先順位はさまざまなです。何に差し置いても、優先順位を第一として、社長自ら全部署に号令をかけてください。特にプロジェクト開始当初の頃は明確にしておくことが大事です。とかく現場も含めて、数字を挙げていくことが優先になりがちです。「どうしてもアポは外せないから今日のプロジェクトは欠席」ということがあると、他の人もそういうことが続き、プロジェクトメンバー全員が揃うことが難しくなります。

プロジェクトでは、理念のこと、戦略のことなど、極めて会社にとって根幹で、重要な事項が話されます。「そのメンバーに選ばれているにも関わらず、その議論に入れなかった」というのでは、意味がありません。それであれば、他のメンバーをアテンドし、経験を積んでもらったほうがよかったのです。

プロジェクト当初の段階から欠席する人が出ていくと、理念浸透段階で社内の優先順位も落ちて、浸透スピードがなかなか上がっていかない、ということが起きます。

プロジェクト・メンバーにとって、この会議は経営会議です。通常、経営会議に欠席するというのはよほどの理由だと思います。プロジェクト・メンバー個人も、また会社全体も高い意識で取り組んでもらうため、社長が全部署に発する言葉がとても重要なのです。

社長の優先順位と部署ごと、部課長ごとの優先順位が一致する状態がつくれていないと、プロジェクトの進行が混乱します。注意してください。

●現場のために、優先順位のメッセージを必ず出す

逆に、全部署の部課長レベルまで、インナー・ブランディングの優先順位が1位であることが理解できていると、従業員も迷いがなくなります。もちろん最初から全員が完璧な理解をできるわけではないと思います。しかし、これが理想です。

例えば、プロジェクト・メンバーにどうしても外せないアポイントが入ってしまい、課長に相談が行くとします。

「課長、私の大事なお客様からの相談の依頼なのですが、ちょうどプロジェクトの会議の日に被ってしまい…どうしたらいいでしょうか」。

「それなら、アポイントをずらせるかまず話してみなさい。もしどうしても難しいようなら、理由を話して、私が山田さんと変わりに行こう」。

というように、部署内でフォローしあえるようになっていきます。所属長がそのような姿勢を見せられれば、自ずと部署内に広がります。インナー・ブランディングの取り組みをきっかけにして、チームワーク醸成のきっかけにもなるのです。

インナー・ブランディングの実行が軌道に乗るまでは、これまでと違う動きが部署内に広がるので、慣れないかも知れません。こういうとき、インナー・ブランディングの優先順位が最上位だとメッセージを出しておくことで、現場が考えやすくなります。また逆に優先順位が曖昧だと、容易にインナー・ブランディングは後回しになりがちです。そうなると実行スピードは上がりません。

4　1人ひとりに期待を伝える

●メンバーを選んだら伝えることは5つ

プロジェクト・メンバーは将来の自社を担って立つ存在です。またそういう人を選んでください。必然的に現在活躍している人が選ばれることと思います。その際に、なぜ選んだのかを必ず伝えてください。

人事異動の際には1人ひとり「なぜ選ばれたのか」を伝えない場合がほとんどですが、それでも仕事が滞りなく流れていくのは、会社のしくみがすでにしっかりできているからです。また、活躍する人間は、必ず自分の異動に意味付けを行い、新たな部署での目的や目標を自分で設定していきます。

しかし、インナー・ブランディングはまだ社内に根付いていない活動であり、初めて行われるものです。会社のしくみにも入っていません。選ばれた側も何をするのかさえ、わからないまま現場と兼務で行っていくものです。「こちらもよく説明できないから、やっていくうちにあいつならわかるだろう」という期待を活躍人材にはしてしまいがちですが、自分で意味付けを行えるからこそ、目的がわからないと力が入りません。

メンバーに期待を伝えることで、1人ひとりが意味付けを行えるようになり、プロジェクトの議論がスムーズに進むだけでなく、その後の浸透スピードも変わってきます。

インナー・ブランディングプロジェクトに関して次のことを必ず伝えてください。

① プロジェクトが会社にとってどんな意味を持っているのか。
② なぜプロジェクトをやろうと思ったのか。
③ プロジェクトのゴールは何か。
④ プロジェクトにどんな期待をしているのか。
⑤ なぜあなたが選ばれ、どんな期待をしているのか。

●なるべく経営層に近い人が伝える

こうしたことを伝えることで、メンバーは会社からの期待も感じることができます。特別任務感を出すことができ、本人の力も入ります。わざわざ今の仕事の時間を削って行う必要性に納得することができます。

伝える人間は社長であることが一番望ましいです。社長から直接伝えられたら、誰だって力が入ります。プロジェクトの推進力を得ることができます。大きな会社であれば、社長でないことのほうがほとんどだと思いますが、経営を担っている役員が伝えることが望ましいでしょう。それだけ会社としても、力を入れている、というメッセージを伝えることが重要なのです。あまり望ましくないのは、プロジェクトに参加しない所属長が伝えるパターンです。プロジェクトの概要も目的も「また聞き」になり、力が入りません。ゆえに、本人も伝わりにくいのです。プロジェクトが進み、全社的な実行段階になれば、インナーブランディングは経営そのもの。経営層になるべく近い人が伝えてください。

こうした5つのことを、1人ひとりに伝えることは、プロジェクト・メンバーの目線を揃えることにも繋がります。メンバーの意味づけ力に頼って、何も伝えなければ、それぞれがそれぞれの目的を感じ、このプロジェクトに参加することになります。参加の意味を感じられない人も出て来ます。すると、プロジェクトの位置づけが人によって異なり、メンバー全員の目線を揃えることが難しくなってしまうのです。プロジェクトの途中で、わざわざそのための時間を取らないといけないかもしれません。

もちろん1人ひとりに伝えた上で、プロジェクトが始まるときは、最初のミーティングで社長や役員、プロジェクト・リーダーから改めて①―④を全員に向けて伝えてください。初めが肝心です。

5 付箋でやれば、声の大きな人の意見に引っ張られない

●付箋とペンを使用すべき4つの理由

プロジェクトの議論は、付箋とペンを使用しましょう。それには次の4つの利点があります。
① 役職上位者や声の大きな人に引っ張られない。
② 全員の意見がしっかり出る。
③ 付箋をまとめる作業を通してチームワークが醸成される。
④ 付箋をまとめる作業を通してニュアンスのすり合わせになる。
⑤ 後から見返したときに議論を思い出しやすい
そもそも、もし付箋で行わなかったら、誰かが場を仕切らなければなりません。付箋がない

と、議論が拡散してしまいがちになり、まとめるのが大変です。そして議事録を取るにも難易度が高くなります。

付箋で行えば、場の仕切りはそこまで高度ではなくなりますし、付箋を写真にとっておけば、議事録もいりませんし、⑤の効果を得られます。さらに付箋は意外と誰が書いたのかわかりませんので（議論していくうちに確認もしなくなります）、①のようなことが起きにくいのです。つまりプロジェクトメンバーの声が反映されやすくなります。誰かの意見に左右されてしまうと、何のためのプロジェクト、ミーティングなのか、回を追うごとにモチベーションが下がってしまいます。モチベーションが下がると、浸透に影響が出ます。また付箋にとにかく書くことを通して②が期待できます。いきなり意見を言うよりも書くことで、意見をメンバーに伝えやすくなるのです。

これらの付箋を全員分確認することで、メンバーが何を考え、何を思い、仕事をしてきたのかがわかるようになります。これも大きなワークショップの収穫になります。

●議論を通して「なぜ」がわかるからそれが行動につながる

付箋は出したら、出しっぱなしにはできません。それらをまとめる作業があります。③同じ意味の言葉でグループに分けていく作業を通して、自然とプロジェクト・メンバーのチームワークが醸成されます。単純な作業のように見えますが、グループに分けるには、わからない付箋の記述があれば、その場でニュアンスを確認しなければなりませんし、頭の中で考えながらそれぞれが動きます。普段、顔を合わせない部署の人たちが、一気にこの作業を通して、コミュニケーションを取らざるを得なくなりますので、チームワークができあがるのを後押しします。

付箋のグループ分け作業は④の効果も生み出します。例えば、「社長とのランチミーティング」という付箋があった場合、これは「会社の文化」に属するのか、「イベント」なのか、「福利厚生」なのか。書いた人がどのようなつもりで書いたのかによってグループは異なります。またそこでお互いに議論をすることで、書いた人の意図とは違ったグループに決まっていくこともあります。グループが出来上がっていくに従って、またグループが完成した後にお互いに発表し合うなどして「なぜこのグループが形成されたのか」がわかるようになっていきます。

このようなプロセスを経ることで、会社の理念や戦略がどのように出来上がっていったのかを、当事者として肌で感じ、説明できるようになるのです。そして自らその理念や戦略に沿って、動けるようになるので、上長からの指示を待たずに動けるようになります。実際にこのようなプロジェクトの効果は多くの企業で実感できるようになっていきます。

インナー・ブランディングは目に見える効果もありますが、このように目に見えない財産が増えていくプロジェクトなのです。

6　アイデアの質ではなく、量を競い合う

●短い時間で深い議論を引き出すため

前項で付箋で行うことの重要性を解説しましたが、アイデアを出す際に、なかなか付箋に記入できない人もいます。その際に重要な心構えは、アイデアの質ではなく、量を競い合うということです。

付箋は大量に用意しておき、その場で5分や10分でできる限り書き出すと、集中してやりやすくなります。また書く時間は人によってバラツキがあるので、予め宿題を出しておき、10枚以上書いてくる、というようにすると、ミーティング時間の短縮にもなります。

付箋の書き方は、1枚に1アイデアです。1枚に10も20も小さな文字で書く人もいますが、それだと後の分類がしにくくなりますのでご注意ください。

なぜ質よりも量が大切なのでしょうか。1人がたくさん付箋を書くことによって、メンバー同士で重複が生まれます。重複がたくさん出るということは、それだけ重要だというサインです。それは理念に表現すべき事項かもしれません。質を重視してしまうと、出てきた付箋の項目に対して、定量的に何が重要なのかがわかりにくくなります。そこでまた議論が生まれてし

まいます。議論は大切なのですが、目で見て多いものは、誰もが重要だと尊重できるので、その上でそのグループを活かすのか、活かさないのかを議論できるのです。そうした無駄な議論の時間を抑制することにつながります。その意味で、量を出すことはとても重要なのです。

短い時間で深い議論を引き出すことになり、その深い議論が、質のいいミーティングを生み出します。

●見える化が発見をもたらす

量を出すことはもう1つ、重要な意味があります。メンバーに大きな発見をもたらすのです。

例えば「強み」の要素を出していくとき、10人のメンバーがいて、10枚ずつ付箋を書けば、100枚の付箋が並ぶことになります。壁一面に付箋が並んでいきます。まずそれだけでも壮観な風景です。

自分たちの強みを10個出すのは、少々ハードルが高いと感じるメンバーがいるかもしれませんが、10個とにかく出す、ということが大事です。絞り出すことで、当たり前になっているけど、普段気づけなかった強みに気づけるようになります。「当たり前の中にあるものこそ、その会社の強み」です。

それらを同じ意味の言葉でグループをつくると、今度は自社の強みが壁一面に広がります。

それを見て、多くの企業の社長は「うちにはこんなに強みがあったんだ！」と感心、感動することになります。メンバーも同様です。今まで気づいていなかった部分まで、強みが見える化したことに感動すら覚えるのです。

グループの中にある付箋の1枚1枚を見ていくと、本当に細かいこと、些細なことかもしれません。しかし、それを書いている人がたくさんいると、やはりその付箋はとても重要であると認識できますので必然的にグループになるのです。

普段、仕事をしているときは、自社の強みを認識しながら仕事をすることはありません。社長ですらそうかもしれません。しかし、自社の強みをはじめ、自社のことを深く認識し、1人ひとりが仕事をできれば、さらに生産性は上がるはずです。その土台をつくるための重要なメンバーがここに集められています。彼らのエッセンスをまとめ上げていくことは、会社の未来をつくる作業でもあるのです。

7　意見を否定しない。意見を出したことを承認する

●付箋1枚の否定が、仕事のスタイルを否定してしまう

前項でたくさんの意見を出すことがとても重要であると解説しました。ここで重要なのは、

その1つひとつの意見に否定的なコメントを出さない、ということです。

そもそもこの付箋でのやり方は、誰が書いたのかほとんど気にならないので、付箋の1つひとつにコメントは出にくいのですが、それでも付箋の1枚1枚に否定的なコメントをしてしまうと、アイデアが制限され、量が出てこなくなります。それは前項で書いた量による恩恵を受けにくくなってしまうのです。

付箋でのアイデア出しを宿題でやってくる場合でも、普段の忙しい仕事の中で時間を縫ってやってきています。活躍人材ですから、他の人よりも手間をかけて仕事をしている人たちばかりです。意見の否定はそのプロセスの否定だと、メンバーは捉えてしまうので、わざわざ付箋に書いてくることが馬鹿らしくなってしまうのです。そもそも付箋の1枚はその人の意見、主観なので、それを否定されるのは、面白くありません。しかし、メンバーの意見、主観が集まることで、それが会社の文化を形づくります。どれを自社の文化だと規定するのか、その最終判断は社長（プロジェクト・リーダー）がすればいいのです。だからどんな意見でもどんどん出して、活躍人材による会社の「今」を俯瞰できることのほうが、社長（プロジェクト・リーダー）にとっては、とても有意義であるはずです。そこからどう経営を組み立てていけばいいのか、そのヒントにもなるはずです。社長から見れば、この議論のすべてが普段聞けない現場からの貴重な意見の集積。今後の経営の指針を与えてくれる可能性も高いのです。

●付箋を書くことが楽しい雰囲気づくりを

むしろ、さまざまな付箋を出してくれていることに感謝をしてください。これだけ真剣に活躍人材が、会社の未来について考えてくれている。そんな気持ちを持つことができれば、意見を否定するという行動には出ないはずです。

プロジェクト・メンバーが10人であれば、10人の活躍人材による経営への意見が、定量的に把握できると考えてください。調査的にN＝10と考えると、それほど重要には思えませんが、定性的なことが、定量的に把握できるという点で調査の面から見てもとても貴重です。

否定していいときは、プロジェクトへの取り組み方が不真面目なときだけです。遅刻、欠席、早退、宿題をすっぽかす、議論に参加しない…。こういう場合は、本人と話した上で、プロジェクトから外すことも検討してください。他のメンバーに大きな影響を与えてしまいます。最悪、プロジェクトが進まず、頓挫してしまいかねません。

プロジェクト・リーダーは「付箋の量は、議論の質」という言葉を心がけてください。議論のＫＰＩを付箋の数にしてください。付箋の内容を問わないほうが付箋の量が出てきやすくなりますし、付箋の内容が問題あるようであれば、後で議論すればいいことです。その付箋はメンバーとコミュニケーションを取った上で、捨ててしまってもいいのです。

付箋を書くことが楽しくなる。そんな「ランナーズハイ」のような状況だと、さまざまな意見が出てきて、リアルな今の社内状況も把握できます。ぜひそのような雰囲気づくりを心がけてください。

8　社長がひっくり返さない

●社長がひっくり返す3つの罪

特に社長自身がプロジェクト・メンバーに入らない場合、注意が必要です。長く議論してきたことを、社長がひっくり返してしまうことで、次の3つのデメリットが生じてしまいます。

①　議論のサンクコスト化。
②　メンバーの士気が下がる。
③　ブランディングに一貫性が失われる。

①に関しては、それまでの議論が無駄に終わってしまうということです。インナー・ブランディングの計画は6ケ月（50－60時間）はかかります。もちろんメンバーのすべての業務を止めて行えば、7日間で終わるかも知れませんが、たいていは日常の業務と並行して行うことになります。

②に関しては、当然メンバーの士気は下がります。それまでの濃密な議論の流れがあって、

社長に報告したまでの結論になっていますから、そこにいなかった社長が「鶴の一声」を発することで、メンバーの士気は下がってしまうのです。そこまでの膨大な議論を根本からやり直さないといけないかもしれません。これまでの時間を取り戻す必要もあるので、メンバーそれぞれの現場にも負荷をかけることになります。

③は一から計画が再構築される場合は、まだいいかもしれませんが、それでも時間的に折衷案で進めざるを得ない、ということが往々にして起きます。この場合、どこかでブランディングの整合性が破綻してしまうのです。

●ブランディングで最も重要な一貫性を失う

このようなことを防ぐには、社長がプロジェクト・メンバーに入っていることが一番です。「口を出してしまいそう」という懸念がある場合は、必ずメンバーに入ってください。また「メンバーには入っているけど、アポイントの関係上、議論に入ったり、入らなかったりで、ある程度まで任せていたけど、どこかでひっくり返す」ということも往々にして起きます。メンバーに入る以上は、背中を見せてください。社長が本気でこのプロジェクトにコミットしている、という姿勢がプロジェクト・メンバーにも伝わり、士気を上げていきます。

社長がひっくり返してしまうと、メンバーは再議論せざるを得ません。それだけ社長の意見は重いのです。どうしても社長がメンバーに入れない場合、細かく議論をプロジェクト・リーダーが報告するようにしましょう。

もしくは、社長がメンバーに託す場合は、信じて任せきるということを覚悟してください。それができるメンバーを選ぶということも重要になってきます。

ブランディングにおいて最も重要なことは「一貫性」です。一貫性が失われてしまうと、こちらが思って欲しいイメージが、ステークホルダー（顧客や採用活動での応募者など）の脳内につくられないので、ブランディングそのものが無駄になってしまいます。インナー・ブランディングの最初の受け手は従業員です。従業員が社長やプロジェクト・メンバーの意図するイメージを共有できてこそ、その先のステークホルダーにしっかりと伝わっていくのです。社長が議論をひっくり返してしまうことは、のちのちの一貫性を失わせかねないので注意が必要なのです。

9　決めたこと、取り組み内容を協力会社にレクチャーする

●まず採用から結果が出る

インナー・ブランディングの計画が無事にできたら、それをまとめたものを、活動に関係す

る外部の協力会社にレクチャーしてください。

例えば採用であれば、採用広告代理店、人材紹介のエージェント、イベント会社などお付き合いしている会社が多数あるはずです。計画を共有することで、深い会社理解につながります。それは求人原稿や人材紹介での候補者への伝え方などに反映されていきます。

求人原稿が変わると、人数や集まった人の質が変わります。自社によりマッチした人材が集まりやすくなります。

また人材紹介も多くの企業がいくつものエージェントともやり取りしていると思いますが、マッチングの確率が上がり、入社決定につながりやすくなります。採用は最初に効果が上がってきます。

また事業を展開する上で、欠かすのことのできない協力会社が数多くある企業もあるでしょう。製造業であれば、1社だけですべてが完結することは稀で、仕入と販売先が多数あります。特に、仕入でお世話になっている企業は、自社の製品を構成する上で欠かせない企業グループです。自社のスタンスを伝えることで、深い理解のもと製品づくりが行われ、結びつきも強固になります。関係性の強化にもぜひ計画内容を伝えてください。

資料のまとめ方は第2章－5の順番を参考にしてください。ただしこれだと説明が長すぎる可能性があるので、サマリーをつくっておくと話しやすいでしょう。

10　実行し続ける。1ミリでも前に進める

●事前説明、周知徹底はしつこいくらいに

プロジェクトはどこかでは必ず停滞します。戦略・戦術をつくる段階で停滞することはあまりありませんが、それら戦略・戦術を実行する段階に来たときに、プロジェクトは停滞しがちです。例えば、つくったバリューに沿って全社員が1週間に1回、社内ＳＮＳでバリューのうちから1つテーマを決めて、どのように取り組み、どのような結果を得たのかを書き込むという行動を決めたとします。これに関して、事前の部課長への説明を怠ったことで、書き込みに協力しない、ということが起きます。また、どれだけ声がけしても、書き込まない人が出てきてしまいます。これはある程度は覚悟すべきなのですが、現場で活躍していて、書き込んでほしい人なのに、どうしても書き込んでもらえない、という人から、しかもかなりの抵抗に合うということも十分考えられます。戦略・戦術を考えているときは楽しく、しかも実行はなされるものとして、計画しがちです。しかし思わぬ落とし穴がたくさんあります。

これまでのやり方から見れば、現場には負荷になることばかりになりますので、事前の説明、周知徹底をぬかりなく進め、1ミリでも前に進めていく覚悟が大切になります。

第7章　定着、活躍、成長する会社へのステップ
～社内浸透＆マネジメントの要点

1　川上から川下へ。社長→役員→部課長→従業員の順番でしか浸透は進まない

●いかに自律的に動ける人間を育てられるか

第2章―6の図表8で示したように、リッカートの連結ピンの考え方を頭に叩き込む必要があります。インナー・ブランディングの広がりはボトムアップではありえません。限界があります。現場の従業員がやる気になっているのであればなおさら、上から正しい意図で落とし込み、現場の従業員の動きをチェックし、ズレそうだったら、正しい方向に修正する動きが上司には求められます。

組織開発の観点から見た場合、インナー・ブランディングは従業員のリーダーシップ創造の側面があります。自分で考え、組織に貢献する行動を行える人間をどれだけ育てられるかが、問われています。自律的な人間が多ければ多いほど、組織は活性化し、成長します。そしてその原動力は自分のスキルや能力が開発されていくことでキャリアが形成されていく喜び、つまりやり甲斐が生まれていくことです。

組織変革で着目されている議論は大きく4パターンあり、①ビジョン創造、②変革型リーダーシップ、③サーバント・リーダーシップ、④育成・自己キャリア（いかにして次のリーダーを

育てるか）の４パターンであると言われています（松田，２０１１）。①はリーダーがビジョンを掲げ、強力に推進することが従業員を奮い立たせ、文化や価値観が伝承されていく大きな要因になります。②はいかにして大規模な組織変革を推進するのかという議論で、まさにインナー・ブランディングはその大規模な組織変革に当てはまります。

●川上から川下へリーダーシップを開発していく

③はいかにして従業員が働きやすい環境をつくるのか、という観点が重要であり、そのときの行動として10のポイントをスピアーズ（１９９８）は挙げています。傾聴、共感、癒やし、気づき、説得、概念化、先見力・予見力、幹事役、人々の成長に関わる、コミュニティーづくりの10のポイントがあり、サーバントリーダーシップを発揮する際に重要な視点となります。

自分からグイグイと背中を見せて、発揮するリーダーシップではなく、リーダーがフォロワー（部下）に尽くすことが役割そのもの。グリーンリーフ（１９７７）は「導くことと奉仕することは両立する」と述べています。

④はまさに自律的行動や意思決定、判断ができる人材を育成すること。インナー・ブランディングはこれを促進する装置として捉えることもできます。組織開発の観点からは、この自律的な行動を養うために、メンタリングやコーチングの技法が開発されており、マネジメントに携

わる人たちではこのような技の習得を行っていることもあるでしょう。

過去の研究から言われているのは、「自律的な意欲や態度、および判断力への強い信頼を持つこと」（松田，２０１１）のように、マネジメント側の人間が部下の可能性をとことん信じることが重要であると指摘できます。

以上のように考えていくと、インナー・ブランディングの推進の中で、社長→役員→部課長→従業員の流れで、リーダーシップ開発が行われていくことが理想なのです。社長は役員のリーダーシップを開発し、役員は部課長のリーダーシップを開発する。そのように「どうせあいつはできない」と信じるのを止めてしまうと、せっかくのインナー・ブランディングという機会を最大化することができなくなるのです。

2　朝礼、会議など定例の時間を利用する

●毎日の5分の積み重ねを大切にする

インナー・ブランディングを推進していくときに、そのためだけに全部署でさらに会議を増やすことは慎重になるべきです。現場の負担が増して、なかなかその会議が定着せず、結果、理念浸透が進まないということが起こり得ます。これを防ぐには、会議は最低限にして、上司

と部下の個別のコミュニケーション量を増やすこと。では現場でのインナー・ブランディングの進捗管理や事例のシェアなどをどのようにすればいいのか。それは普段の会議の５分間を活かせばいいのです。

例えば、朝礼を行っている会社であれば、バリューに基づいて自分がどのような取り組みを行い、その結果どのような結果を得たのか、またそこでの学びは何だったのか。これを予め決めた順番に発表してもらいます。ＳＮＳでその週に書き込む予定のものでも構いませんし、以前に書き込んだものでも最初のうちはＯＫにしてください。この発表を自分がすることで、バリューについて考える時間を持つことができますし、人に発表することで自分自身にも気づきがあります。この時間が１人ひとりへの浸透を促すのです。またその発表を聞いていた人にも「今度自分も同じようなことをしてみよう」、「自分だったらこうする」などというマネや工夫が生まれます。それが理念浸透のスピードを上げ、企業文化の形成につながります。

また、発表の後は短くていいので、上司が必ずコメントをしてあげてください。フィードバックを得ることで、本人の気づき、行動の強化につながりますし、周りにも影響を与えます。本人の行動を修正する意味で、否定的なコメントをせざるを得ない場合は「言い方」に注意してください。発表が苦痛になってしまうと、長続きしません。承認を心がけ、発表しやすい雰囲気づくりを行うことを常に念頭に入れてください。

●組織文化は変えにくい。だから毎日の地道な積み重ねを行う

「強い組織文化は短期間で変えるのは難しく、組織文化は強いものであればあるほど変わりにくい」(曽和・伊達，２０２０)と言われています。すでにある文化を変えていくには、強いリーダーシップが必要と言われていますが、同時に「人を入れ替えていくこと」とも言われています。本書で定義してきた、採用からのインナー・ブランディングを行うことで、この点を推進することができます。

しかし、一方で、今いる人たちのマインドを変えていくには、多くの時間を要します。今ある文化を変えていく組織変革を成し遂げるには、毎日の積み重ねで少しずつ、長期に取り組んでいく中で、新しい強い文化が形成されます。

とかくリーダーは組織構成を変えたがりますが、曽和／伊達(２０２０)によれば、組織構成を変えても、文化は変わらないことが指摘されています。大切なのは人の配置です。自社の文化・価値観に共感度が高く、活躍している人を抜擢していくのです。それが従業員への大きなメッセージになります。

インナー・ブランディングを全社で推進していく当初の段階では、なかなか従業員の行動が思ったように一致しませんし、とんちんかんなことを発表する人も出るかもしれません。しかし、毎日５分の積み重ねを全部署で行うことで、少しずつ新たな文化は育まれていきます。す

ると、行動が強化され、人事で抜擢できる人も増えていくでしょう。

新しい文化をつくるには、地道な積み重ねが必要です。毎日のルーチンを重ね続けることで、自律的な人たちを増やし、新たな文化の創造につながっていくのです。

３　会社の方向性と、個人のやり甲斐を一致させる

●インナー・ブランディングとワーク・エンゲイジメントの相乗効果

会社の理念と個人のやり甲斐を一致させることの重要性はさまざまな側面から言われています。曽和・伊達（２０２０）は組織行動論の側面から、長井・後藤（２０２１）はパーパスの側面から、奥田（２０１９）は目標管理（ＯＫＲ）の側面から、１人ひとりが会社の目指す先を「自分ごと」にするために、自分の仕事の現場で何を成し遂げていくのかを決め、それを追いかけていくことの重要性を指摘しています。

また小林・江口・川上・ＴＯＭＨ研究会（２０１４）によれば、理念の浸透は次の項目と正の相関関係にあることがわかっています。カッコは相関係数です。

ワーク・エンゲイジメント（０・４０８）／職場の一体感（０・３１２）／職務の遂行（０・１６０）／創造性の発揮（０・３０５）／積極的な学習（０・３１５）

また曽和・伊達（2020）も「ワーク・エンゲイジメントが高いほど、組織への愛着や一体感が強く、個人のパフォーマンスが高い」と過去の研究から指摘しています。

つまり理念の浸透は、ワーク・エンゲイジメントやその他の成果指標を上げ、組織への愛着や一体感を醸成し、個人のパフォーマンスを上げることがわかります。ワーク・エンゲイジメントの上昇自体が組織の一体感や愛着に寄与するということは、インナー・ブランディングの推進によりワーク・エンゲイジメントとの間には、行ったり来たりの相乗効果があるということが指摘できるのです。では、会社の方向性と個人のやり甲斐はどのように一致させていけばいいのでしょうか。

●ビジョン→ミッション→バリュー→評価体制→評価する

一番手っ取り早いのは、評価制度に組み込み、評価していくことです。つくったビジョン、ミッション、バリューの理念体系の実践を評価制度に落とし込みます。階層別で会社として求める水準を決め、評価するという方法が一般的だと思いますが、それでは日々の行動への結びつきが弱い可能性があります。

例えば、ビジョン、ミッション、バリューを理解し、1人ひとりが「自社で長期的に成し遂げたいこと」を考えていきます。一方でこの半年でそこにどのように近づくのかを決め、目標数値を決定します。必ず数値化を行い、それを上司とともに追いかけることで、自分にも上司にも達成できたか、できなかったかがわかる状態にしなければなりません。曖昧な目標は、曖昧なプロセス管理や一方的で感情的な評価につながり、結果、ワーク・エンゲイジメントを下げる結果にもなりかねません。つまり、上司と部下で目標設定をすり合わせていく過程こそ重要で、それがすでに理念浸透になっているのです。

前提としてのビジョン、ミッション、バリューの理解というのもなかなか難しいことです。そのためには、その言葉たちを部署ごとに身近な言葉に落とし込むという作業が重要です。自分の部署だったら何を目指していくのか。この議論があると、個人が目標設定に落とし込みやすくなります。

また、個人への浸透が進んでいれば目標設定も難しくないのですが、新卒採用や中途採用などでまだ理念への理解が追いついていない場合は、上司が一緒に目標設定を考えていくことが大切です。それ自体が浸透になっていきます。本人の自己評価によって、目標設定が高すぎたり、低すぎたりしますので、丁寧なコミュニケーションを心がけてください。

こうして見ると、現場をまとめるリーダーがかなり肝になります。彼らがインナー・ブランディングを理解し、日々のマネジメントに活かせるようにサポートする体制を整えることが組織として特に重要になります。

4　10分でOK。毎週、個人面談の時間をとる

●フォーマットを決めておき、効率的に

前項で説明したように、数値目標に落とし込むことができれば、それを一緒に進捗確認していくことで、そのまま理念浸透になっていきます。

毎週10分間でいいので、1人ひとりと会話を交わしてください。効率よく行うために、ミーティングの作法を決めておくといいでしょう。必ず確認することは次の4点です。「うまくいっていること」、「課題に感じていること」、「来週（今週）すること」、「サポートしてほしいこと」。言い方はどのような形でもいいのですが、上司がリードして、部下に話してもらえるといいでしょう。数値目標なので、記録する場所があるとなおのこと、ミーティングも早く終わります。

よく話す人、あまり話さない人、人によってさまざまなはずです。しかし、普段話さない人も、毎週10分間でもコミュニケーションを行うことで、徐々に話をしてくれるようになってきます。話はときに目標管理だけの話にとどまらないかもしれません。仕事の悩み、人間関係、プライベートなこと、多岐に渡るかもしれません。そのような話が出てくること自体、信頼関係でできてきた証拠です。数値に落とし込んでいるので、ある意味、できているか、できてい

ないかは明白です。できていない場合は、一緒にその解決策まで考えればいいので、面談内容はそこに終始するでしょう。うまくいっている場合は、面談はすぐに終わりますが、できればそこでさまざまな話をすることで、信頼関係をさらに強固にしていけば、その人のワーク・エンゲイジメントも上がり、インナー・ブランディングもさらに推進されていきます。

●現場のマネージャー層の理解、行動がスピードを決める

なぜフォーマットを決めておく必要があるのでしょうか。それは現場の負担をなるべく少なくするためです。漠然と「1人ずつ毎週面談をしよう」では、話があちこちにいって、何のための面談なのかわかりません。そこまでして、仕事を早く切り上げて上司と面談することに意味を見いだせない人も出てきます。上司側も部下側も負担が大きくなるので、続けられなくなるのです。インナー・ブランディングの推進にも影響が出てきてしまいます。

数値化↓10分面談の流れがあれば、上司も部下も負担になりません。プラスアルファで相談があれば、乗ることもできます。今まで毎週の面談をしていなかった場合は、そこでコミュニケーション量を増やせるので、信頼関係をつくるチャンスになります。

曽和・伊達（2020）によれば、「評価におけるフィードバックは、事実に基づき、行動ベースで、評価対象者の興味が高いトピックについて、関係の近い人がフィードバックすべき」と

いう指摘をしています。

数値化を行っておけば、それを追いかけることで事実が明らかです。どのような行動をしているかは、先週と今週での行動がどうだったかを振り返ればいいですし、社内SNSなどでバリューに基づいた毎週の書き込みなどですぐに見られます。

だからこそ、部署の最小単位での取り組みが重要で、現場に近いマネージャーが理念をいち早く、深く理解し、部下との目標管理を行っていくことが、インナー・ブランディングの推進を決めると言っても過言ではありません。

5　理念に沿って行動し、結果を出している人を最も評価する

●問題は、実行していないけど、結果が出ている人をどう評価するか

「理念共感していて、理念に沿って行動し、結果が出ている」。インナー・ブランディングを社内で実行し始めた後では、間違いなくこのような人を評価し、人事で抜擢すべきです。

図表15は評価する際の優先順位を表しています。基本的に理念共感している人のほうが総じて評価を高くします。このようにすると、理念共感していないと自己申告する人はいなくなりますが、自身のやり甲斐との重なり合いにマネージャー側が違和感を抱くようになりますので、

〔図表18　評価の優先順位〕

	理念共感している	理念共感していない
実行して結果を出している	①	⑤
実行して結果は出ていない	②	⑥
実行せず結果は出している	③	⑦
実行せず結果も出ていない	④	⑧

そこで指摘し、今後どうしていくのかのすり合わせをしていくことになります。

問題になるのは、③⑦のゾーンです。「実行せず結果を出している」状態は、多くのマネージャーが見過ごしがちにしてしまうところです。例えば、営業で一番売上を挙げている人間が③や⑦だったりすると、「まあいいか」となりがちです。また③は共感していると言っても、なんらかの障壁で実行できない理由があるのか、心の底では共感していないかのどちらかです。ここもしっかりと、コミュニケーションをとる必要があるでしょう。同様に④も心の底では共感していない可能性が高いと言えます。

中長期的に見れば、②のゾーンの人たちをマネージャーの力で結果が出るようにしていくことが最も評価される①のゾーンの人間を増やすことになりますので、最優先で力を入れるべきポイントになります。また⑤⑥の場合は、実は共感している、一部は共感できている可能性が高いので、こちらも現場マネージャーのコミュニケーション次第で①にしていくことが可能です。

6　結果を出している人同士で刺激し合う場をつくる

●同時に同じ取り組みをする人たちが出てＯＫ

第２章—７で、理念浸透の実行事例を定期的に書き込み、毎月評価、ＭＶＰ表彰し、座談会を行う浸透例を説明しました。この場を設けることは、ＭＶＰ表彰者の理念に沿った行動を強化し、現場で好影響を与えていきます。

この取り組みを行っていくと、座談会の出席者は他のＭＶＰ受賞者から刺激をもらいます。この取り組みを行うことで、出席者の理念実行の精度が格段に上がる瞬間が訪れます。またＭＶＰ受賞者のレベルも上がっていきます。

例えば、とある企業ではＭＶＰ受賞者の店舗での取り組みが、まったく他の受賞者と被ることがありました。地域もかなり離れており、普段連絡を取り合う仲でもありません。取り上げたバリューの項目は違うのですが、取り組んだ施策がまったく一緒だったのです。しかし、話を聞いていくと、どちらも自身で考え、それを店舗内で共有し、自分たちなりに工夫で実行していきました。この自分たちなりの工夫は、２人で異なりました。

このような場合は、インナー・ブランディングの進行がかなり進んできたことを物語っています。ぜひ素晴らしい事例であると2人を承認してください。そして彼らの現場でのそれぞれ異なる工夫は、他の従業員にも参考になる具体的な事例となるはずです。わかりやすく模範になります。マネを促すことで、浸透のスピードを上げてください。

●出席してもらうことで、本人の気づきを促す

社内的にこの座談会に出席できることが、いかに「誉れ」であるのかを演出してください。現場が忙しいのに、あそこに行かなきゃいけないという意識だと、いい場になりません。自分の部署の部下がMVPに選出していなくても、積極的にマネージャー層も出席し、どのような行動が表彰され、また受賞者は現場で何を考え、どう動いているのかを頭に叩き込んでください。その感覚が、現場でのマネジメントに活かされていきます。

マネージャー層が積極的に出ていると、部下たちも出やすくなります。何が評価され、どう動けば、自分もあの舞台に立てるのか、を具体的に知ることにつながります。マネージャーがそれを心から実感できて伝えられないと、部下たちも出席するきっかけを掴めません。呼ばれていない場に行くことは意外と抵抗が大きいからです。

例えば従業員誰でも出席していい、という場合でも、部署によってはローテーションで必ず出席する人を決めておくのもいいでしょう。自分との意識の差を実感してもらうことで、気づ

きを促します。出席した後は、個別にコミュニケーションを取り感想を聞くことと、部署内でも感想をシェアしてもらうことで、本人の成長を促します。これは地味ですが意外に効果を得られます。

月間MVP受賞者は、大々的に社内で広報してください。ひっそり行われているものではなく、ポスター、社内報、あるいは社長の言葉などで毎月発表してください。そのような演出があってこそ、座談会出席が「誉れ」になりますので、前記のような流れをつくることができます。

7 反発・抵抗する人とは徹底的に話し合う

●抵抗が起こる要因6項目

インナー・ブランディングの推進には必ず反発・抵抗する人が出てきます。それらにどう対処していくのかは、現場に一番近いマネージャーの悩みです。松田（2000，2011）の調査から、組織変革における抵抗の要因は次の6項目あるとされています。

① 組織変革やその定着に関する施策が未構築であること
② 施策の実施プログラムが十分に考慮されていないこと

③　保守・消極的な態度や社内・職場の雰囲気（組織風土）があること
④　社内普及・認知が不足し、経営上層部や一部の人たちだけが動いていること
⑤　リーダーが不在であること、あるいは彼・彼女のリーダーシップが不十分であること
⑥　別のもっと重要な案件が企業内で発生したこと

このうち、現場のマネージャーに関係ある項目は③⑤。他はプロジェクト・チームや社長の間での話になります。そのため、プロジェクト・チームは①②は計画の段階で十分寝られている必要がありますし、④はそうならないように、これまでも紹介してきた「リッカートの連結ピン」の考え方で、まずはマネジメント側の人間からインナー・ブランディングの取り組みを優先的に行い、現場に落とし込まなければなりません。

またインナー・ブランディングのプロジェクトは最優先事項ですから⑥になってはいけません。その上で、現場のマネージャーは抵抗が起きないために③⑤に向き合わなければなりません。

●腹を割って話すことが最も重要

では抵抗が起きた場合、どのように現場マネージャーは対処すべきなのでしょうか。松田（2011）は抵抗の除去において、その方策には4つあることを示しています。それは①戦

略②参加③心理的安心の創造④短期的な成果です。

①は具体的に組織変革の立案と実施に参加させ、奨励制度を組み込み、従業員に現状から離脱するための時間と機会を与えることになります。立案と参加には、プロジェクト・チームの議論へのオブザーバー参加、または部署内で理念を落とし込んでいくときに、積極的に巻き込みます。制度に関しては第2章―8で示したとおりです。

②はインナー・ブランディングの推進に当たって出てくる議論に積極的に参加させることで、「自分たちのものだ、という使命感を醸成させることが重要になってきます。リッカート（1961）はじめ、参加という行為が抵抗を減少させることは、これまでの研究で多く指摘されてきています。

③はいわゆる現在で言うところの心理的安全性と同じです。例えば、これまでインナー・ブランディングの実行に積極的に関わってこなかったことを認めることで、内在する脅威を減らし、心理的に安心感を本人に与えることになります。

④は短期的で目に見える具体的な成果を提示することです。例えば、取り組みの書き込み件数の増加、業績の向上、顧客の評価の向上などになります。

いずれにしても重要なのは、本人と腹を割って話すこと。上記を念頭にミーティングに臨んでください。

8　辞めていく人が出ることを覚悟する

●全員が賛成するプロジェクトなどない

インナー・ブランディングを推進していくと、離職者が続く場合があります。しかしそれは覚悟の上で進めなければなりません。今までの合わない文化を捨て、新しい文化を創造していく動きがインナー・ブランディングです。もちろんこれまで言語化されていなかった文化が見える化されることで、それらを強調する形でのインナー・ブランディングもあります。いずれにしても、その全社的な動き自体に従業員が嫌気を指し、再三の現場マネージャーのコミュニケーションにもかかわらず、退職意向を表す、ということはどうしても起こってしまうのです。全員が賛成するプロジェクト、文化などありません。

退職者がどんなに優秀であっても、例えば図表15で示した③⑦の人でも、長い目で見ればお互いのためにそれがよかったのです。本人も異なる環境であればもっと活躍するかもしれませんし、会社側としても、これから相容れない人がずっと残っていることによって、インナー・ブランディングが停滞することのほうが、利がありません。その人が辞めたことで、推進されていくのです。そして理念共感した人が入社してきたほうが長い目で見て、利益がもたらされます。

では離職はどのような原因で起こるのでしょうか。その参考になるのが「バーンアウト」という概念です。「ワーク・エンゲイジメント」＝仕事に対するポジティブで充実した心理状態の反対の概念です。服部（２０２０）によれば、過去の組織行動研究から次の３つにバーンアウトの症状を定義できると言います。

①情緒的消耗感
②脱人格化
③個人的達成感

●組織の大改革。痛みは伴う

まず①は「仕事を行う中で、情緒的に力を出し尽くし、消耗してしまった状態」のことを指します。なんらかの原因でこれ以上頑張れない状態になってしまったということです。

次に②です。これは「クライアントに対する無情で、非人間的な対応」です。①が原因となり、さらなる症状が現れた状態です。相手のことを考えず通り一遍等な対応や理解できないような専門用語を並びたて、わざと困惑させるなどして、対人の接触を避けるなどの行動を指します。

最後の③は「職務に関わる有能感、達成感」のこと。仕事上の成果が急激に低下し、それにともなって、仕事での達成感が低下することで、強い自己否定につながります。

これらをインナー・ブランディングの推進で考えれば、①では例えば日常の社内ＳＮＳなどへの書き込みに疲労感や徒労感を覚え、もう一切に書き込みたくない、という心理状態が考えられます。またマネージャーへの何らかの不満から、もう一緒に仕事をしたくない、という状態になるかもしれません。

②では、①を原因として、クライアントに向けてだけでなく、社内の同僚にまでこのような対応が出てきてしまうかもしれません。外部のほうに出てきてしまうのは、会社としての評判を貶めてしまうので、早急に対応しなければなりません。

③はインナー・ブランディングの推進に当たって、評価体系が変わり、本人的には同じように仕事をしているつもりが、大幅に評価が下がることで、強い自己否定につながる可能性があります。

インナー・ブランディングの推進は組織の大改革です。抵抗、離職は必ず起きますし、続きます。それはこれまでの採用と組織づくりの「リセット」が行われているものだと考えてください。新しい企業文化をつくり、それを土台に企業を発展させる覚悟と自信を持って、取り組んでください。きっと素晴らし成長と発展が待っているはずです。

あとがき

ブランド論はマイナーで、誤解の多い領域です。多くの人がブランディングとマーケティングの違いが曖昧で、ブランディングとは「統一感のあるプロモーション」であるという認識が多いと感じています。さまざまな書籍やＷｅｂ上の記事を見ても、正しく理解され、書かれているものは少ないと感じています。私はこれまで、キャリアを通してほとんどは中小企業の経営者と、ともに悩み、試行錯誤をしてきました。経営者の苦悩に触れることもたくさんありました。しかし、ブランド論を正しく理解し、それを実践で活用していくと、どんな企業でも必ず結果が出ました。無名の中小企業にとって、大規模なプロモーションは現実的ではありません。ブランディングといっても、ほとんど社内での施策が中心になります。対外的な対策は、ロゴマークの一新、企業スローガンの策定、名刺、自社ホームページ、採用ページ、会社案内、採用案内など。時折、社名まで変える企業があるでしょうか。打ち手は限られます。しかし、計画した通りに実行していくと、企業は変わるべくして変わっていきます。

つまり、インナー・ブランディングはどんな企業でも取り組めるものなのです。企業規模を問いません。やろう！　と社長が決意すれば、できるものです。経営の世界には、いろんな概念や理論、フレームワークがありますが、ブランディングほど、さまざまな考え方ややり方が包括され、しかも一気にできる便利さを持ったものはありません。それはブランド論が「ビジョン」を中心に考えられているからです。インナー・ブランディングでは、まさに策定する理念がその役割を担います。理念に沿うかたちで組織を動かす。働く人のマインドや行動が変わるからこそ、組織に血が通い、あるべき方向に動いていくということなのです。

本書を執筆するにあたり、ＥＳＧ経営やＳＤＧｓの数値化に取り組んでいるサスティナブル・ラボ株式会社の代表取締役ＣＥＯ・平瀬錬司氏には、その概念や経営における重要性について多大なレクチャーをいただきました。また、株式会社ギフト専務取締役・藤井誠二氏、株式会社大庄取締役営業本部長・石田安雄氏、取締役企画本部長・亀田昌則氏、株式会社ユーニック、株式会社トーセン・代表取締役会長・小川純治氏、日本テレネット株式会社・代表取締役・瀧麻由香氏、経営企画室・西尾卓氏には、お忙しい中、お時間を割いていただき、取り組みについてご教示いただきました。難しい、わかりにくいと言われるブランディングを経営として捉え直せば、どこかでやらねばならないこと、手を付けようと思ってできなかったことばかりです。一石何鳥にもなるインナー・ブランディングを行うことで、成長の背中を押すことができれば、これほど嬉しいことはなく、本書を手に取ってくれたみなさまの企業が進化していくことを願ってやみません。

深澤　了

参考文献

奥田和広（２０１９）『本気でゴールを達成したい人とチームのためのＯＫＲ』ディスカヴァー・トゥエンティワン
上條憲二（２０２２）『超実践！　ブランドマネジメント入門愛される会社・サービスをつくる10のステップ』ディスカヴァー・トゥエンティワン
木原佑太・石岡賢（２０２０）『ブランド・パーパスの構築および運用手法に関する考察』経営情報学会２０２０年全国研究発表大会
櫻井徹（２０２１）『社会資本主義批判としての企業パーパス論：意義と限界』経営論叢第10巻第2号
新谷幸弘（２０２２）『パーパス経営視点からみた研究開発マネジメントの考察』国際Ｐ２Ｍ学会研究発表大会予稿集２０２２春季
曽和利光・伊達洋駆（２０２０）『組織論と行動科学から見た人と組織のマネジメントバイアス』ソシム
高尾義明・王英燕（２０１２）『経営理念の浸透　アイデンティティ・プロセスからの実証分析』有斐閣
高尾義明・王英燕（２０１１）「経営理念の浸透次元と影響要因－組織ルーティン論からのアプローチ－」『組織科学／組織学会』
田中雅子（２０１６）『経営理念浸透のメカニズム』中央経済社
デービッド・アーカー（２０１４）　阿久津聡・訳『ブランド論　無形の差別化をつくる20の基本原則』ダイヤモンド社

中西哲（2023）『パーパス経営研究の芽吹き〜サスティナビリティ概念に見る解釈と類型化試案』跡見学園女子大学マネジメント学部紀要第35号
永井恒男・後藤照典（2021）『パーパス・ドリブンな組織のつくり方』日本能率協会マネジメントセンター
丹羽真理（2018）『パーパス・マネジメント―社員を幸せにする経営』クロスメディア・パブリッシング
名和高司（2021）『パーパス経営　30年先の視点から現在を捉える』東洋経済新報社
服部泰宏（2016）『採用学』新潮社
服部泰宏（2020）『組織行動論の考え方・使い方』有斐閣
深澤了（2021）『テレワークを理念浸透のチャンスに変え，組織を強くする方法論』マーケティング学会オーラルフルペーパー
深澤了（2020）『採用ブランディングが企業経営にもたらす未来の革新―企業は理念の下に集うコミュニティになる』マーケティング学会オーラルフルペーパー
深澤了（2020）『知名度が低くても〝光る人材〟が集まる採用ブランディング完全版』WAVE出版
深澤了・嶋尾かの子（2019）『企業理念を促進するブランド実践の概念とメカニズム』マーケティング学会オーラルフルペーパー
深澤了（2018）『無名＋中小企業でもほしい人材を獲得できる採用ブランディング』幻冬舎
福田正彦（2014）『ブランド効果と企業業績に関する実証研究』年報 経営分析研究 第30号
松田陽一（2011）『組織変革マネジメント第2版 理論と現状』中央経済社
リクルートマネジメントソリューションズ組織行動研究所（2010）『日本の持続的成長企業』東洋経済新報社

著者略歴

深澤　了（ふかさわ　りょう）

むすび株式会社　代表取締役
ブランディング・ディレクター／クリエイティブ・ディレクター
早稲田大学商学部卒業後、山梨日日新聞社・山梨放送グループ入社。株式会社アドブレーン社配属となり、CM プランナー／コピーライターとしてテレビ・ラジオの CM 制作を年間数百本行う。その後、パラドックス・クリエイティブ（現パラドックス）へ転職。企業（インナー）、商品、採用各領域のブランドの基礎固めから、VI、ネーミング、スローガン開発や広告制作まで一気通貫して行う。採用領域だけでこれまで 1000 社以上に関わる。早稲田大学ビジネススクール修了（MBA）。2015 年、むすび設立。地域ブランディング・プロジェクト「まちいく事業」では、山梨県富士川町で開発した「甲州富士川・本菱・純米大吟醸」がロンドン、フランス、ミラノで 6 度金賞受賞。味のほか、ラベルデザインなどでも国際賞で高い評価を受ける。FCC（福岡コピーライターズクラブ）賞、日本 BtoB 広告賞金賞、山梨広告賞協会賞など。雑誌・書籍掲載多数。著書は『無名×中小企業でもほしい人材を獲得できる採用ブランディング』（幻冬舎）、『知名度が低くても“光る人材”が集まる採用ブランディング完全版』（WAVE 出版）。

どんな会社でもできるインナー・ブランディング
まず教育、そして採用、業績アップ。鉄板の好循環をつくる

2023年 9 月28日　初版発行

著　者　深澤　了　© Ryo Fukasawa
発行人　森　　忠順
発行所　株式会社 セルバ出版
〒 113-0034
東京都文京区湯島 1 丁目 12 番 6 号 高関ビル 5 B
☎ 03（5812）1178　FAX 03（5812）1188
https://seluba.co.jp/
発　売　株式会社 三省堂書店／創英社
〒 101-0051
東京都千代田区神田神保町 1 丁目 1 番地
☎ 03（3291）2295　FAX 03（3292）7687

印刷・製本　株式会社 丸井工文社

Printed in JAPAN
ISBN978-4-86367-847-7